Inglês *para* restaurantes

Inglês *para* restaurantes

Para os profissionais da área de alimentos e bebidas de hotéis e restaurantes

Tânia De Chiaro

1ª reimpressão

DISAL EDITORA

Preparação de texto: Juliane Kaori / Verba Editorial
Capa e Projeto gráfico: Alberto Mateus
Foto de capa: Chris Ryan / Getty Images
Diagramação: Crayon Editorial
Assistente editorial: Aline Naomi Sassaki
Ilustrações: Carlos Cunha

CD
Locutores: Christopher Johnston, Michael Miller e Shirly Gabay
Produtora: jm Produção de Áudio

Dados Internacionais de Catalogação na Publicação (CIP)
(Câmara Brasileira do Livro, SP, Brasil)

Chiaro, Tania De
Inglês para restaurantes : para os profissionais da área de alimentos e bebidas de hotéis e restaurantes / Tania De Chiaro. – São Paulo : DISAL, 2011.

Bibliografia.
ISBN 978-85-7844-080-0

1. Hotelaria 2. Inglês - Estudo e ensino 3. Turismo I. Título.

11-09604 CDD-428.07

Índices para catálogo sistemático:

1. Inglês : Hotelaria e turismo : Estudo e ensino : Linguística aplicada 428.07

DISAL EDITORA

Alameda Mamoré 911 – cj. 107
Alphaville - BARUERI – SP
CEP: 06454-040
Tel. / Fax: (11) 4195-2811
Visite nosso site: www.disaleditora.com.br
Televendas: (11) 3226-3111

Fax gratuito: 0800 7707 105/106
E-mail para pedidos: comercialdisal@disal.com.br

Meus sinceros agradecimentos àqueles com quem
caminhei e aprendi nesses 20 anos de jornada.
Vocês são as entrelinhas deste livro.

SUMÁRIO

CHAPTER 3: OTHER SERVICE OPTIONS

CHAPTER 4: AFTER THE MAIN COURSE

CHAPTER 5: BAR AND BREAKFAST

CHAPTER 6: COMPLAINTS, REQUESTS AND INFORMATION

GUIA DE ESTUDO

Caro aluno,

É com grande alegria que apresentamos a você este material didático. Ele é especialmente dedicado a você, profissional da área de alimentos e bebidas de hotéis e restaurantes comumente conhecida como área de A&B.

Você, que interage com clientes ou hóspedes estrangeiros constantemente, sabe, melhor do que ninguém, a importância do conhecimento de inglês para o desempenho de suas funções na área.

Esperamos que este livro contribua em sua busca por conhecimento específico e formação na área.

Leia abaixo algumas dicas de como utilizar o livro para aproveitá-lo melhor.

TÍTULOS	O QUE É	DICAS DA PROFESSORA
AQUECENDO	Indica o início de cada situação e serve para fazer você relembrar aquilo que já sabe.	Ao pensar sobre aquilo que você já sabe, você se prepara para aprender mais sobre o tema.
ATENÇÃO	Oferece alguma dica sobre aquele assunto específico ou algum ponto em que podem ocorrer erros comuns.	Estude e preste sempre atenção!
SITUATION	Indica as situações (diálogos) comuns à rotina da área de A&B. Nesses diálogos, as frases apresentadas aos alunos pela primeira vez são **sublinhadas**, e as frases ou palavras em itálico podem ser substituídas.	Onde houver palavras em itálico você pode substituí-las por outras. Dessa forma você varia sua prática e adequa os diálogos aos procedimentos de seu local de trabalho. Faça este exercício oralmente.
STUDY	Indica um momento de seu estudo em que há possibilidade de expandir conhecimentos referentes àquele assunto ou frase.	Procure a página indicada, estude o que foi recomendado e faça os exercícios sugeridos. Depois volte à situação que estava estudando.

TÍTULOS	O QUE É	DICAS DA PROFESSORA
REVIEW	Sugere uma revisão de um conteúdo anterior	Quando algum assunto for retomado para ser expandido, você pode revisá-lo desde o momento do livro em que ele apareceu pela primeira vez.
LISTEN AND REPEAT **LISTEN AND READ**	Indica que esta parte do livro está no CD.	Acompanhe a leitura e ouça com atenção para se acostumar à pronúncia. Depois, se desejar, você pode repetir. Ao repetir, procure reproduzir o som da forma mais parecida que conseguir.
COMPREHENSION	Indica um exercício de compreensão da situação apresentada.	Para que você aprenda e para evitar o uso das traduções, oferecemos um exercício de compreensão da situação antes de seguirmos estudando o tema. Para compreender, busque no texto indícios que confirmem se aquela afirmação é verdadeira ou falsa.
VARIATIONS	Indica algumas variações possíveis nas situações.	É claro que a nossa interação com as pessoas não tem um roteiro fixo, tudo depende de como segue a conversa. Por isso, devemos "treinar" para dizer algo de várias formas e devemos estar preparados para entender o outro, que também pode usar diversas formas para comunicar alguma coisa. As Variations servem para você adequar as situações aprendidas às suas necessidades de comunicação e aos procedimentos do local em que trabalha. Servem também para você se preparar para ouvir algo de diferentes formas e não se sentir perdido.
EXERCISE(S)	Indica os exercícios propostos	Recomendamos que procure fazer os exercícios sem consultar as informações que você recebeu. É uma forma de estudar e de verificar como está o seu aprendizado.
THINK ABOUT	Indica uma questão a ser pensada.	Às vezes aprendemos algo em determinada situação e esquecemos que poderíamos usar a mesma solução em outra situação. Esta reflexão ajuda a pensar sobre isso entre outras coisas.

TÍTULOS	O QUE É	DICAS DA PROFESSORA
VOCABULARY	Indica que você vai aprender vocabulário ligado àquela situação, diálogo ou contexto.	Aprender vocabulário enriquece muito o nosso conhecimento de inglês. Faça os exercícios propostos e pratique a pronúncia utilizando o CD. Para acompanhar o CD, siga as listas escritas de vocabulário.
BASICS	Indica os assuntos básicos que todos devemos saber em inglês, como números, horas e dias da semana, por exemplo.	São tópicos muito úteis no atendimento. Faça os exercícios propostos e pratique a pronúncia utilizando o CD.
GLOSSARY	Indica o resumo do que foi aprendido no capítulo. A primeira coluna Functions indica para que servem as frases. Logo em seguida (English), estão as frases aprendidas, divididas pelas situações (Sit) em que elas aparecem pela primeira vez. A coluna Portuguese traz uma tradução livre e não literal, que visa à compreensão do uso da frase nos determinados contextos e a coluna Professional tips contém dicas profissionais para você.	Com o glossário é possível fazer revisões. Cubra, por exemplo, a coluna English e, olhando a coluna Functions, diga, em voz alta, a frase correspondente que está na coluna coberta. Se você tiver alguma dúvida, volte à situação em que a frase apareceu pela primeira vez para esclarecer.
BONUS	Indica a atividade de revisão do capítulo.	Faça sem consultar as informações do capítulo para testar se está pronto para a última etapa, o Quiz.
QUIZ	Indica uma atividade que testará o que você aprendeu naquele capítulo.	Este teste está todo em inglês, incluindo suas instruções. No primeiro exercício, você ouvirá uma fala do cliente e deverá marcar a resposta adequada. No segundo exercício, você vai ouvir uma frase e deverá marcar com o número correspondente o desenho que representa uma palavra dita na frase. Recomendamos que, se você acertar oito ou mais questões, siga para o capítulo seguinte. Caso acerte menos, recomendamos que volte à revisão ou qualquer outro ponto do capítulo que não tenha ficado claro para você.
ANSWERS	Indica as respostas aos exercícios e teste do capítulo.	Se o exercício tem resposta única, ela será indicada. Para exercícios que têm várias respostas possíveis, indicaremos algumas sugestões. Para perguntas abertas, as respostas são livres.

Aqui estão alguns profissionais da área de Alimentos e Bebidas que costumam ter contato direto com o cliente:

MANAGER (GERENTE)
HOSTESS (RECEPCIONISTA)
HEAD WAITER (MAÎTRE)
SOMMELIER (SOMMELIER)
WAITER (GARÇOM)
WAITRESS (GARÇONETE)
CHEF (CHEF)
COOK (COZINHEIRO/A)
CASHIER (CAIXA)

ATENÇÃO

Para clientes, podemos dizer *customers*, *clients* ou *patrons*.
PADRONIZAMOS *customers*.
Para hóspedes em restaurantes dentro de hotéis, DIZEMOS *guests*.
Para SIMPLIFICAR, utilizamos *waiter*.

Bons estudos!

CHAPTER 1

CUSTOMERS' RECEPTION

O tema do capítulo 1 é a recepção do cliente em um restaurante, bar ou evento. Veja a seguir o que você vai aprender neste capítulo.

SITUATIONS
Aqui estão as situações do capítulo

AQUECENDO

Antes de começar a aprender coisas novas, observe a ilustração e pense um pouco sobre as seguintes questões:

Esta situação acontece em minha rotina de trabalho?

Consigo pensar em uma forma adequada de resolver isso em português?

Eu sei me comunicar nesta situação em inglês? O que eu posso ou devo dizer?

LISTEN AND READ

SITUATION 1

Welcoming the customer at the door

WAITER: *Good evening, sir. May I help you?*

CUSTOMER: Yes, please. *I'd like a table.*

WAITER: For how many, sir?

CUSTOMER: *For two, please.*

WAITER: *Smoking or non-smoking, sir?*

CUSTOMER: *Non-smoking, please.*

WAITER: *Follow me, please.*

CUSTOMER: *Thank you.*

WAITER: *Can I take your coat, sir?*

CUSTOMER: Yes, please.

STUDY *Numbers I*, page 41.

STUDY *Personal belongings I*, page 38.

COMPREHENSION

Observe a situação 1 e responda verdadeiro (V) ou falso (F). No quadro abaixo, escreva a(s) palavra(s) que justifica(m) sua resposta. Observe o exemplo.

	VERDADEIRO OU FALSO?		JUSTIFIQUE
1.	O atendimento acontece depois das 18h00.	(V)	Good evening.
2.	O garçom está atendendo um homem.	( )	
3.	O cliente pede uma mesa para três pessoas.	( )	
4.	O cliente aceita que o garçom pegue seu casaco.	( )	

VARIATIONS

O diálogo da situação 1 poderia ser diferente. Veja algumas das possíveis variações:

I. Para cumprimentar:
Das 6h às 12h, use **Good morning**.
Das 12h às 18h, use **Good afternoon**.
Das 18h em diante, use **Good evening**.

Você também pode dizer **Hello!**

ATENÇÃO
Só diga *Good night* para despedir-se do cliente à noite, e não para recebê-lo!

II. Para cumprimentar um senhor, diga **sir**.
Se souber seu sobrenome, pode dizer, por exemplo, **Mr. Johnson**.
Para cumprimentar uma senhora, diga **ma'am**.
Se souber seu sobrenome, pode dizer, por exemplo, **Ms. Johnson**.

ATENÇÃO
Não é correto dizer *Mr.* ou *Ms.* utilizando apenas o primeiro nome, como por exemplo, *Mr. Silvio*. É possível, no entanto, dizer *Mr. Silvio Soares*.

III. Para pedir algo, o cliente pode dizer:
I'd like... (Eu gostaria...)

I need... (Eu preciso...)
I want... (Eu quero...)
Can I have...? (Posso ter...?)
Can you bring me...? (Pode me trazer...?)
Could you bring me...? (Poderia me trazer...?)

IV. Se você trabalha em um restaurante de hotel, pode ser procedimento logo na entrada do cliente perguntar se ele é hóspede ou não. Nesse caso, diga:
Are you a guest here?
Are you a hotel guest?

Se ele disser que sim, você precisará saber o número do apartamento, assim:
What is your room number, please?

V. Se no restaurante em que você trabalha houver uma chapelaria ou um local para guardar os pertences do cliente, você pode dizer:
Would you like to use our cloakroom? (Gostaria de usar nossa chapelaria?)
Would you like to use our locker? (Gostaria de usar nosso armário?)
Can I leave your coat at the cashier? (Posso deixar seu casaco no caixa?)
Can I leave your coat at the reception? (Posso deixar seu casaco na recepção?)

LISTEN AND REPEAT

Agora que você já sabe como pode variar a situação 1, repita as frases que aprendeu:

Good morning, sir.
Good morning, ma'am.
Good afternoon, sir.
Good afternoon, ma'am.
Good evening, sir.
Good evening, ma'am.
May I help you?
For how many?
Smoking or non-smoking?
Follow me, please.
Can I take your coat?
Are you a guest here?
Are you a hotel guest?
What is your room number, please?

Would you like to use our cloakroom?
Would you like to use our locker?
Can I leave your coat at the cashier?
Can I leave your coat at the reception?

EXERCISES

I. **Order the dialogue**

Ordene as falas do diálogo conforme sua prática profissional. Foram incluídas todas as frases aprendidas na situação. Se você não as utiliza em seu dia a dia para recepcionar clientes, ignore-as quando colocar o diálogo em ordem.

( )	Smoking or non-smoking, ma'am ?
( )	Yes. Thank you.
( )	For how many, ma'am?
( )	Follow me, please... Can I take your umbrella, ma'am?
(01)	Good evening, ma'am. May I help you?
( )	For five, please.
( )	Yes, please. I'd like a table.
( )	Non-smoking, please.

II. **Order the words to make sentences**

Ordene as palavras para construir as perguntas. Observe o exemplo.

1. you / may / help / I / ?
   May I help you?
   ____

2. take / raincoat / I / can / your / ?
   ____

3. many / for / how / ?
   ____

4. or / smoking / non-smoking / ?
   ____

THINK ABOUT

Observe as frases que você aprendeu e responda.

1. Quando as palavras *sir* e *ma'am* podem ser usadas nessas frases?

2. Essas palavras serão geralmente usadas em que lugar da frase?

AQUECENDO

Antes de começar a aprender coisas novas, observe a ilustração e pense um pouco sobre as seguintes questões:

Esta situação acontece em minha rotina de trabalho?

Consigo pensar em uma forma adequada de resolver isso em português?

Eu sei me comunicar nesta situação em inglês? O que eu posso ou devo dizer?

LISTEN AND READ

SITUATION 2

Reservations

DIALOGUE 1

WAITER: *Good afternoon, sir.*

CUSTOMER 1: *Good afternoon. I'd like a table for three*, please.

WAITER: *Do you have a reservation, sir?*

CUSTOMER 1: No, I don't.

WAITER: *Just a moment, sir, I'll set a table for you. Please wait at the bar over there.*

STUDY *Tableware*, page 39.

CUSTOMER 1: Yes. Thank you.

WAITER: Excuse me, sir. *Your table is set*. Follow me, please.

DIALOGUE 2

STUDY
Numbers II, page 43.

WAITER: *Good afternoon, ma'am.* May I help you?

CUSTOMER 2: *Good afternoon. My name is Jensen. I have a reservation for twenty-five people.*

WAITER: *Come this way, ma'am.*

COMPREHENSION

Observe os diálogos da situação 2 e responda verdadeiro (V) ou falso (F). No quadro abaixo, escreva a(s) palavra(s) que justifica(m) sua resposta. Observe o exemplo.

	VERDADEIRO OU FALSO?		JUSTIFIQUE
1.	O primeiro cliente pede uma mesa para dois.	(F)	Three
2.	O primeiro cliente é um homem e o segundo é uma mulher.	( )	
3.	O primeiro cliente fez reserva.	( )	
4.	Há uma mesa vaga para acomodar o primeiro cliente. Falta apenas arrumá-la, por isso o garçom pede um momento.	( )	
5.	O primeiro cliente espera na varanda.	( )	
6.	O segundo cliente tem uma reserva.	( )	
7.	O garçom leva o segundo cliente imediatamente para a mesa.	( )	

VARIATIONS

Os diálogos da situação 2 poderiam ser diferentes. Veja algumas das possíveis variações:

I. Ao pedir que o cliente aguarde enquanto arruma a mesa, você pode oferecer que espere no bar ou em qualquer outro lugar que seja procedimento do restaurante, ao mesmo tempo em que aponta onde é o lugar (*over there*). Veja:

Please wait **at the bar** over there.
Please wait **at the reception** over there.

Se, no entanto, não houver um lugar específico, você também poderá dizer, apontando para onde o cliente pode ficar acomodado:

Please wait over there.

II. Para avisar que a mesa está pronta, você pode usar:

Your table is set.
Your table is ready.

III. Para saber em nome de quem está a reserva caso o cliente não se identifique, você poderá perguntar:

Under what name, please?
Your name, please?

IV. Todas as frases abaixo podem ser utilizadas para encaminhar o cliente à mesa:

Come this way, please.
This way, please.
Follow me, please.

LISTEN AND REPEAT

Agora que você já sabe como podem variar os diálogos da situação 2, repita as frases que aprendeu:

Do you have a reservation?
Just a moment, please.
I'll set a table for you.
Your table is set.
Your table is ready.
Please wait at the bar over there.
Please wait at the reception over there.
Please wait over there.
Under what name, please?
Your name, please?
Come this way, please.
This way, please.

EXERCISES

I. **Complete the dialogue**

Use cada uma das frases a seguir apenas uma vez para completar o diálogo. Você pode escrever a frase ou utilizar as letras correspondentes. Atenção: duas frases não serão utilizadas.

SENTENCE BANK

a. Please wait over there.	g. Come this way, please.
b. May I help you?	h. Do you have a reservation?
c. Your table is ready.	i. I'll set a table for you.
d. Under what name, please?	j. Just a moment, sir.
e. Good evening, sir.	k. Excuse me, sir.
f. For how many, sir?	

Waiter: ______________________________

____

Customer: Yes, please. I'd like a table for five.

Waiter: ______________________________

Customer: No, I don't have a reservation…

Waiter: ______________________________

____

____

Customer: Yes. Thank you.

Waiter: ______________________________

____

____

Customer: Good, thank you.

II. **Mark the correct answer**

Escolha a alternativa correta para completar a conversa de forma adequada. Lembre-se: nas situações a seguir, o cliente está falando primeiro. Observe o exemplo.

CUSTOMER:	Good afternoon, a table for two, please.
Waiter: ( )	a. Yes, sir. For how many?
Waiter: (×)	b. Yes, sir. Follow me, please.
Waiter: ( )	c. Yes, sir. Good afternoon.

1. CUSTOMER: Good morning, I'd like a table, please.

Waiter: ( )	a.	Yes, sir. Follow me, please.
Waiter: ( )	b.	Yes, sir. For how many?
Waiter: ( )	c.	Yes, sir. May I help you?

2. CUSTOMER: Good evening. My name is Johnson; I have a reservation for ten.

Waiter: ( )	a.	Yes, sir. Do you have a reservation?
Waiter: ( )	b.	Yes, sir. For how many?
Waiter: ( )	c.	Yes, sir. Come this way, please.

3. CUSTOMER: Good evening. I'd like a table for twelve and I don't have a reservation.

Waiter: ( )	a.	Good evening, sir. May I help you?
Waiter: ( )	b.	Just a moment, sir. I'll set a table for you.
Waiter: ( )	c.	Yes, sir. For how many?

4. CUSTOMER: Good evening. I have a reservation for two.

Waiter: ( )	a.	Yes, sir. Your name, please?
Waiter: ( )	b.	Yes, sir. For how many?
Waiter: ( )	c.	Yes, sir. Come this way, please.

THINK ABOUT

Há duas frases que não foram utilizadas no exercício I. Explique por que não.

____

____

____

____

____

AQUECENDO

Antes de começar a aprender coisas novas, observe a ilustração e pense um pouco sobre as seguintes questões:

Esta situação acontece em minha rotina de trabalho?

Consigo pensar em uma forma adequada de resolver isso em português?

Eu sei me comunicar nesta situação em inglês? O que eu posso ou devo dizer?

LISTEN AND READ

SITUATION 3

Showing the customer to a table

STUDY *Restaurant Items*, page 40.

STUDY *Prepositions*, page 44.

WAITER: *Good morning*. May I help you?
CUSTOMER: Can I have a table for *two*, please?
WAITER: Yes, ma'am. Come this way, please... Will this table be all right?
CUSTOMER: Well, *how about that one by the window*?
WAITER: Certainly. Follow me, please... Have a seat, ma'am.
CUSTOMER: Thank you.
WAITER: Would you like a drink, ma'am?
CUSTOMER: A *dry martini*, please.
WAITER: Yes, ma'am. Here's the menu.
CUSTOMER: Thank you.

COMPREHENSION

Observe o diálogo da situação 3 e responda verdadeiro (V) ou falso (F). No quadro abaixo, escreva a(s) palavra(s) que justifica(m) sua resposta. Observe o exemplo.

	VERDADEIRO OU FALSO?		JUSTIFIQUE
1.	O cliente não informa quantas pessoas vão sentar.	(F)	Two
2.	O cliente não informa se quer a área de fumantes ou não.	( )	
3.	O cliente não gosta da primeira mesa e pede para se sentar em outra mesa.	( )	
4.	A mesa que o cliente pede está próxima à porta.	( )	
5.	Depois que o cliente se senta, o garçom oferece uma bebida e o cardápio.	( )	
6.	O cliente não quer uma bebida.	( )	

VARIATIONS

O diálogo da situação 3 poderia ser diferente. Veja algumas das possíveis variações:

I. **Certainly** é sinônimo para **Yes**.

II. Sempre que você oferecer algo, poderá utilizar a frase **Would you like...?**
O cliente poderá aceitar, dizendo: "**Yes, please**" ou pedir diretamente, como fez na situação 3. Se quiser recusar, o cliente provavelmente dirá: "**No, thank you**" ou "**No, thanks**".

III. Sempre que você quiser entregar algo ao cliente, poderá dizer: **Here is the ...** ou **Here's the ...**, como na situação 3.

LISTEN AND REPEAT

Agora que você já sabe como pode variar o diálogo da situação 3, repita as frases que aprendeu:

Will this table be all right?
Certainly.

Have a seat, please.
Would you like a drink?
Here's the menu.

EXERCISES

I. **Match the columns**

Ligue as perguntas do garçom com as respostas do cliente. Observe o exemplo.

GARÇOM		CLIENTE	
a.	Do you have a reservation?	( )	Yes, I'll have orange juice.
b.	Will this table be all right?	( )	Non-smoking, please.
c.	Would you like a drink?	(a)	No, I don't have a reservation.
d.	Smoking or non-smoking, ma'am?	( )	Yes, please. This briefcase is very heavy.
e.	Good evening, ma'am. May I help you?	( )	Yes, this table is excellent.
f.	Can I take your briefcase?	( )	Yes, please. I'd like a table for three.

II. **Match the columns**

Da mesma forma, ligue os pedidos do cliente com as respostas do garçom.

CLIENTE		GARÇOM	
a.	Waiter, I'd like a table for eight and I don't have a reservation.	( )	Certainly, sir. For how many?
b.	Waiter, I'd prefer that table by the window.	( )	Yes, Mr. Soares. Follow me, please... Will this table be all right?
c.	Waiter, my name is Soares and I have a reservation for two.	( )	Just a moment, sir. I'll set a table for you. Please, wait at the bar over there.
d.	Waiter, I'd like a table.	( )	Certainly, ma'am. This way, please.

THINK ABOUT

Quando você perguntar ao cliente "Will this table be all right?" e sua resposta for positiva, ele não mostrará isso apenas com palavras, dizendo, por exemplo: "Yes, this table is fine" ou "Sure, it's excellent, thank you!", com certeza ele demonstrará isso também com sua linguagem corporal e movimentação, certo?

Da mesma forma, se ele preferir outra mesa, você perceberá rapidamente por causa de seus gestos e sua expressão facial. Mas, o que ele diria em uma situação como essa? Provavelmente frases como:

Well, I'd rather sit.../ I'd prefer to sit... (Eu preferiria sentar-me...)
I'd like to sit... (Eu gostaria de sentar-me...)
I don't really like... (Na verdade, eu não gosto...)

Pense e escreva sobre sua experiência em relação a isso:

____
____
____
____
____
____
____
____

AQUECENDO

Antes de começar a aprender coisas novas, observe a ilustração e pense um pouco sobre as seguintes questões:

Esta situação acontece em minha rotina de trabalho?

Consigo pensar em uma forma adequada de resolver isso em português?

Eu sei me comunicar nesta situação em inglês? O que eu posso ou devo dizer?

LISTEN AND READ

SITUATION 4

When the restaurant is crowded

WAITER:	*Good evening, ma'am.* May I help you?
CUSTOMER:	Yes, please. *We need a table for twelve.*
WAITER:	I'm sorry, ma'am, all the tables are taken. Would you like to wait?
CUSTOMER:	How long will it take?
WAITER:	About *25 minutes*, ma'am.
CUSTOMER:	*All right, I'll wait.*
WAITER:	*What's your name, please?*
CUSTOMER:	*Swensen.*
WAITER:	Would you like to wait at the bar (over there), ma'am ?
CUSTOMER:	Thanks.

COMPREHENSION

Observe o diálogo da situação 4 e responda verdadeiro (V) ou falso (F). No quadro abaixo, escreva a(s) palavra(s) que justifica(m) sua resposta. Observe o exemplo.

	VERDADEIRO OU FALSO?		JUSTIFIQUE
1.	O atendimento é para um grupo de doze pessoas para o jantar.	(V)	evening, twelve
2.	Há mesas vagas.	( )	
3.	O garçom afirma que vai arrumar a mesa.	( )	
4.	O garçom informa o tempo exato de espera.	( )	
5.	O cliente aceita aguardar.	( )	
6.	O garçom pede o nome para colocar em espera.	( )	
7.	O garçom oferece uma bebida.	( )	

VARIATIONS

O diálogo da situação 4 poderia ser diferente. Veja algumas das possíveis variações:

I. Depois que você disser o tempo aproximado de espera, o cliente decidirá se aguarda ou não. Para aguardar, ele poderá dizer algo como:

Ok.

All right.

That's ok.

Para dizer que não vai aguardar, provavelmente o cliente dirá algo como:

No, that's too long.

No, thanks, I won't wait.

Well, maybe some other time.

II. Para perguntar o nome do cliente, você poderá dizer:

Your name, please?

What's your name, please?

LISTEN AND REPEAT

Agora que você já sabe como pode variar o diálogo da situação 4, repita as frases que aprendeu:

I'm sorry.
All the tables are taken.
Would you like to wait?
About 25 minutes.
What's your name, please?
Would you like to wait at the bar over there?

EXERCISES

I. **Order the dialogue**

Coloque o diálogo em ordem e depois pense se mais alguma frase poderia ser inserida nessa sequência.

( )	About 15 minutes, sir.
(01)	Good evening, sir. May I help you?
( )	How long will it take?
( )	I'm sorry, sir, all the tables are taken. Would you like to wait?
( )	Thank you.
( )	Mr. Tudor, please, wait at the reception over there.
( )	Yes, I'll wait.
( )	Tudor.
( )	Yes, please. I'd like a table for ten.
( )	Your name, please?

II. **Insert other sentences**

Seria possível inserir na sequência do diálogo acima as frases listadas a seguir? Assinale (S) para sim e (N) para não.

a.	Do you have a reservation?	( )
b.	Here is the menu.	( )
c.	Would you like a drink?	( )
d.	Come this way, please.	( )
e.	I'll set a table for you.	( )
f.	The bar is over there.	( )
g.	Excuse me, sir. Your table is set.	( )

THINK ABOUT

Agora que você sabe quais são as frases do exercício II que poderiam ser inseridas no diálogo do exercício I, pense qual seria o local apropriado na sequência do diálogo para inseri-las.

____

____

____

____

____

____

____

____

AQUECENDO

Antes de começar a aprender coisas novas, observe a ilustração e pense um pouco sobre as seguintes questões:

Esta situação acontece em minha rotina de trabalho?

Consigo pensar em uma forma adequada de resolver isso em português?

Eu sei me comunicar nesta situação em inglês? O que eu posso ou devo dizer?

LISTEN AND READ

SITUATION 5

When you don't speak English well (yet)

DIALOGUE 1

WAITER: *Good evening, ma'am.* May I help you?

CUSTOMER 1: *Waiter, please. Bla, bla, bla...*

WAITER: I'm sorry, ma'am. I don't understand. Could you please repeat?

CUSTOMER 1: *Yes, I'd like to...*

DIALOGUE 2

CUSTOMER 2: *Waiter, please. Bla, bla, bla...*

WAITER: I'm sorry, sir. I speak a little English. Just a moment, please. I'll call the manager.

CUSTOMER 2: Thank you.

COMPREHENSION

Observe o diálogo da situação 5 e responda verdadeiro (V) ou falso (F). No quadro abaixo, escreva a(s) palavra(s) que justifica(m) sua resposta. Observe o exemplo.

	VERDADEIRO OU FALSO?		JUSTIFIQUE
1.	O garçom no diálogo 1 tenta entender o cliente.	(V)	repeat
2.	O primeiro cliente repete lentamente o que disse.	( )	
3.	O garçom no diálogo 2 tenta entender o cliente.	( )	
4.	O garçom no diálogo 2 vai buscar ajuda com seu supervisor.	( )	
5.	O segundo cliente não quer ajuda.	( )	

VARIATIONS

O diálogo da situação 5 poderia ser diferente. Veja algumas das possíveis variações:

I. Quando não compreender o cliente, você pode desculpar-se e em seguida justificar-se. Por exemplo:
I'm sorry, ma'am. I don't understand.
I'm sorry, ma'am. I speak a little English.

II. Logo depois, para poder atender o cliente, você tem duas opções.
Se acha que conseguirá entendê-lo, você poderá pedir que fale mais devagar ou repita:
Speak slowly, please.
Repeat, please.
Could you please repeat?

Se acha melhor chamar ajuda, informe ao cliente quem vai chamar:
I'll call the hostess. (recepcionista ou hostess)
I'll call the headwaiter. (maître)
I'll call the manager. (gerente)
I'll call the supervisor. (supervisor ou supervisora)
I'll call for help. (ajuda)

LISTEN AND REPEAT

Agora que você já sabe como pode variar o diálogo da situação 5, repita as frases que aprendeu:

I don't understand.
I speak a little English.
Speak slowly, please.
Repeat, please.
Could you please repeat?
I'll call the hostess.
I'll call the supervisor.
I'll call the headwaiter.
I'll call the manager.
I'll call for help.

EXERCISES

I. **Match the columns.**

Ligue as frases com as funções que elas expressam

FRASES		FUNÇÕES
a.	Have a seat, sir.	( ) Informar que não compreende.
b.	I'll call for help.	( ) Pedir que fale mais devagar.
c.	Just a moment, please.	( ) Informar que chamará ajuda.
d.	May I help you?	( ) Pedir que repita.
e.	I don't understand.	( ) Pedir que aguarde um momento.
f.	Could you repeat, please?	( ) Oferecer ajuda.
g.	Speak slowly, please	( ) Oferecer uma bebida.
h.	Would you like a drink?	( ) Convidar o cliente a sentar-se.

II. **Same or different?**

Leia trechos de duas conversas entre um garçom e um cliente. A situação resolve-se da mesma forma (=) ou de forma diferente (≠) nesses pares de conversas?

CONVERSATION A	
Waiter:	Good evening, ma'am. May I help you?
Customer:	*Waiter, please. Bla, bla, bla...*
Waiter:	I'm sorry, ma'am. I don't understand. I'll call for help. Just a moment, please.

CONVERSATION B	
Waiter:	Good evening, ma'am. May I help you?
Customer:	*Waiter, please. Bla, bla, bla...*
Waiter:	I'm sorry, ma'am. I speak a little English. Could you repeat, please?

Conversation A and B. Same or different? (   )

CONVERSATION C	
Waiter:	Do you have a reservation, sir?
Customer:	No, I don't.
Waiter:	Just a moment, sir, I'll set a table for you. Please wait at the bar over there.

CONVERSATION D	
Waiter:	Do you have a reservation, sir?
Customer:	No, I don't.
Waiter:	I'll set a table for you, sir. Would you like to wait at the bar over there?

Conversation C and D. Same or different? (   )

CONVERSATION E	
Customer:	I have a reservation.
Waiter:	Your name, please?
Customer:	Jackson.
Waiter:	Yes, sir. Come this way, please.

CONVERSATION F	
Customer:	I have a reservation, my name is Jackson.
Waiter:	Yes, sir. Follow me, please.

Conversation E and F. Same or different? (   )

THINK ABOUT

Às vezes, é possível resolver algumas situações dizendo coisas diferentes, como se pode perceber no exercício II. Você consegue pensar em mais algum exemplo?

____

____

____

____

____

____

VOCABULARY

PERSONAL BELONGINGS I

LISTEN AND REPEAT

EXERCISE

Match the pictures to the names.

Ligue as figuras aos seus nomes utilizando os números que estão nos quadros. Evite olhar as traduções.

PERSONAL ITEMS [ITENS PESSOAIS]

[ ] bag [sacola/ bolsa]
[ ] briefcase [pasta executiva]
[ ] handbag/ purse [bolsa]
[ ] hat [chapéu/ boné]
[ ] magazine [revista]
[ ] newspaper [jornal]
[ ] umbrella [guarda-chuva]
[ ] laptop [laptop]

CLOTHES [ROUPAS]

[ ] coat [casaco]
[ ] jacket [jaqueta/ paletó]
[ ] overcoat [sobretudo]
[ ] raincoat [capa de chuva]
[ ] sweater/ pullover [blusa de lã]

TABLEWARE

LISTEN AND REPEAT

EXERCISE

Match the pictures to the names.

Ligue as figuras aos seus nomes utilizando os números que estão nas legendas. Evite olhar as traduções; concentre-se nas figuras e nos seus nomes em inglês.

CUTLERY [TALHERES]	**CHINA AND GLASSES** [LOUÇA E COPOS]
[ ] coffee spoon [colher de café]	[ ] bowl [tigela/ cumbuca]
[ ] dessert fork [garfo de sobremesa]	[ ] champagne glass [taça de champanhe]
[ ] dessert knife [faca de sobremesa]	[ ] coffee cup [xícara de café]
[ ] dessert spoon [colher de sobremesa]	[ ] dessert plate [prato de sobremesa]
[ ] fish fork [garfo de peixe]	[ ] (dinner) plate [prato raso]
[ ] fish knife [faca de peixe]	[ ] glass [copo]
[ ] soup spoon [colher de sopa]	[ ] saucer [pires]
[ ] table fork [garfo de mesa]	[ ] side plate [prato de pão]
[ ] table knife [faca de mesa]	[ ] soup plate [prato se sopa]
[ ] teaspoon [colher de chá]	[ ] tea cup [xícara de chá]
[ ] side knife [faca de manteiga]	[ ] wine glass [taça de vinho]

RESTAURANT ITEMS

LISTEN AND REPEAT

1

2

3

4

5

6

7

8
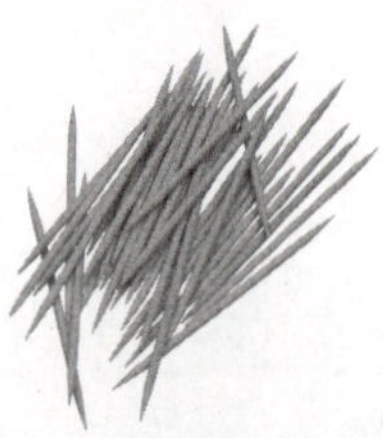

9

10

11

12

EXERCISE

Match the pictures to the names.

Ligue as figuras aos seus nomes utilizando os números que estão nos quadros. Evite olhar as traduções.

[ ] ashtray [cinzeiro]
[ ] bottle [garrafa]
[ ] bread basket [cesta de pão]
[ ] chair [cadeira]
[ ] menu [cardápio]
[ ] napkin [guardanapo]
[ ] pepper (shaker) [pimenta/ pimenteiro]
[ ] salt (shaker) [sal/ saleiro]
[ ] table [mesa]
[ ] toothpick [palito de dentes]
[ ] tray [bandeja]
[ ] wine list [carta de vinhos]

BASICS

NUMBERS I: FROM ZERO (0) TO NINETY-NINE (99)

LISTEN AND REPEAT

FROM 0 TO 19							
0	zero/ o	**5**	five	**10**	ten	**15**	fifteen
1	one	**6**	six	**11**	eleven	**16**	sixteen
2	two	**7**	seven	**12**	twelve	**17**	seventeen
3	three	**8**	eight	**13**	thirteen	**18**	eighteen
4	four	**9**	nine	**14**	fourteen	**19**	nineteen

FROM 20 TO 99 - EXAMPLES							
20	twenty	**40**	forty	**60**	sixty	**80**	eighty
21	twenty-one	**43**	forty-three	**65**	sixty-five	**87**	eighty-seven
30	thirty	**50**	fifty	**70**	seventy	**90**	ninety
32	thirty-two	**54**	fifty-four	**76**	seventy-six	**98**	ninety-eight

ROOM NUMBERS, PHONE EXTENSIONS, ADDRESS NUMBERS - EXAMPLES

I. Os números de telefone são ditos de um em um, por exemplo: 5891-4520 – Five eight nine one four five two o. Se o telefone tem um número repetido na mesma "sílaba", você também pode dizer: 3677-3701: three six **double** seven three seven o one.

II. Ao utilizar números de três ou mais dígitos em endereços (números de casa ou apartamento), você pode dividi-los de dois em dois, de trás para frente, por exemplo:
210 – divide-se 2-10 e lê-se **two – ten**
3582 – divide-se 35-82 e lê-se **thirty-five eighty-two**

Se houver um zero no número, veja:
105 – divide-se 1-05 e lê-se **one-o-five**
1109 – divide-se 11-09 e lê-se **eleven-o-nine**

Essa forma de falar serve também para os apartamentos em um hotel.

EXERCISES

I. Escreva os números abaixo da forma explicada anteriormente. Observe os exemplos:

five-o-three	503		1109
three-fifteen	315		1230
	926		1550
	1010		3008
	1001		3217

II. Use numbers **and** words.
Escreva usando os numerais e as palavras

Write your age: (sua idade)

____

Write your home phone number: (seu telefone residencial)

____

Write your work phone number: (seu telefone comercial)

____

NUMBERS II: FROM ONE HUNDRED (100) TO NINE HUNDRED NINETY-NINE (199)

LISTEN AND REPEAT

FROM 100 TO 900			
100	one hundred	**600**	six hundred
200	two hundred	**700**	seven hundred
300	three hundred	**800**	eight hundred
400	four hundred	**900**	nine hundred
500	five hundred		

FROM 100 TO 999 - EXAMPLES			
101	one hundred and one	**557**	five hundred and fifty-seven
110	one hundred and ten	**660**	six hundred and sixty
130	one hundred and thirty	**769**	seven hundred and sixty-nine
217	two hundred and seventeen	**870**	eight hundred and seventy
233	two hundred and thirty-three	**973**	nine hundred and seventy-three
346	three hundred and forty-six	**999**	nine hundred and ninety-nine
450	four hundred and fifty		

EXERCISES

I. Look at the example and write these numbers.
Leia e escreva o número, como no exemplo.

seven hundred and thirty	730	twenty-two seventy	
two hundred and sixty-nine		two sixty	
eight hundred and seventy		fourteen	
four hundred and four		forty-three-o-one	
six hundred and twelve		ten-o-eight	
three hundred and eighty-seven		ninety–three thirteen	
five hundred and thirteen		one-o-one	
nine hundred		three forty	
one hundred and nine		fifteen fifty	

II. Use numbers **and** words.
Escreva usando os numerais e as palavras

Write the number of your house or apartment: (o número de sua casa ou apartamento)

____

PREPOSITIONS

LISTEN AND REPEAT

EXERCISES

I. Look at the example and match the drawings to the prepositions below, using the corresponding numbers. Where is the blue box?
Onde está o quadradinho azul? Responda utilizando os números correspondentes às preposições. Observe o exemplo.

1. in
2. on
3. in the corner
4. far from
5. by/ next to
6. between
7. in front of
8. behind
9. under
10. across from
11. near

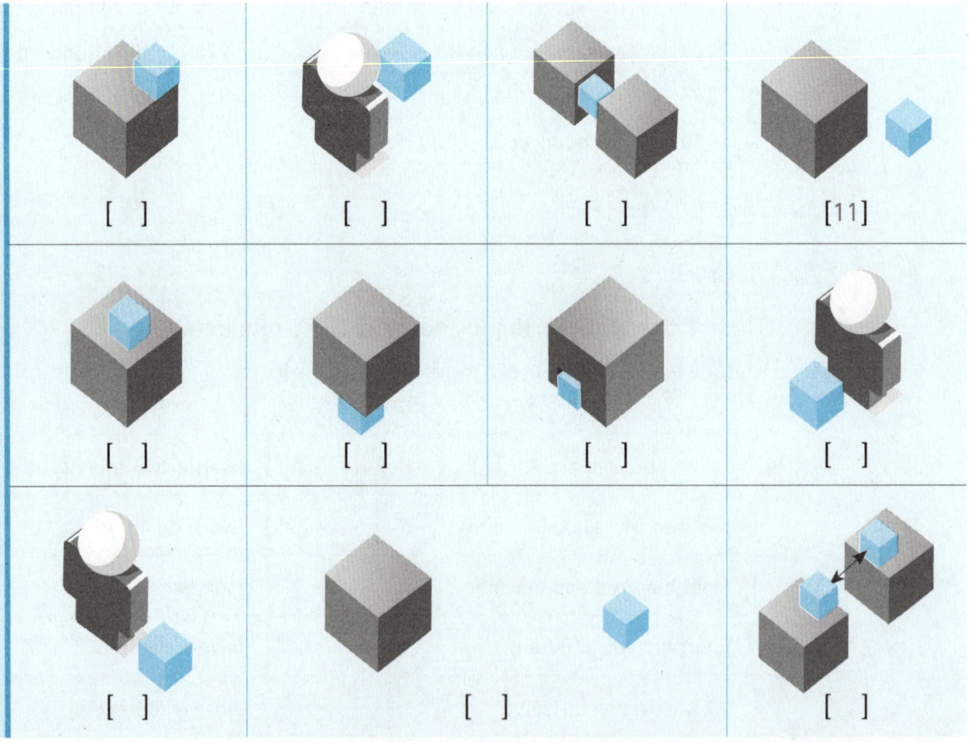

II. Mark the corresponding number next to the tables.

a. Waiter, I'd like to sit by the buffet.
b. Waiter, can we sit far from the door?
c. Waiter, please, I'd rather sit next to the window.
d. Waiter, I'd love to sit near the demo-cook and the buffet.

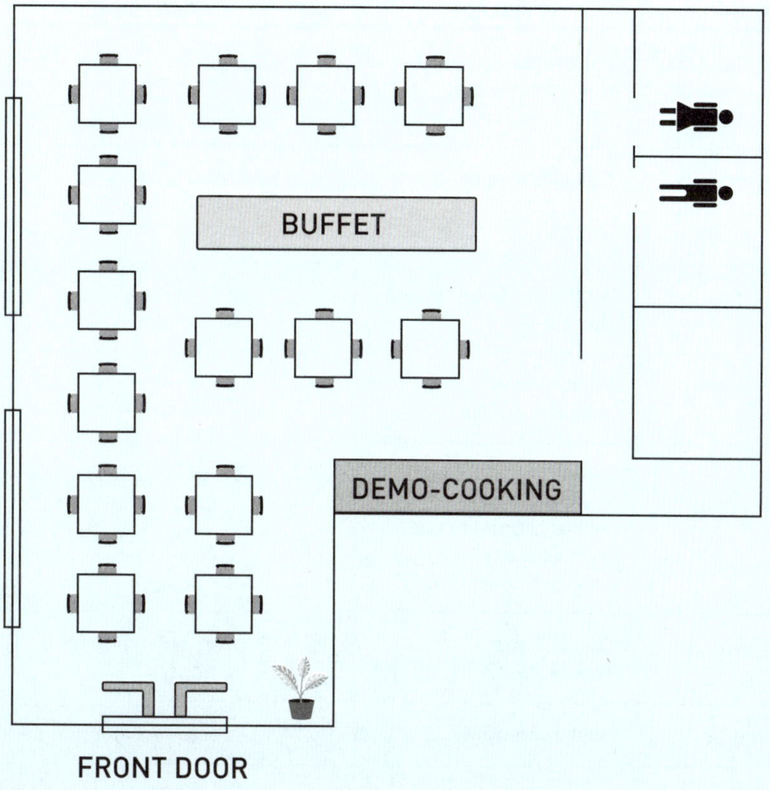

GLOSSARY 1

FUNCTION	ENGLISH	SIT	PORTUGUESE	PROFESSIONAL TIPS
Cumprimentar	**Good morning/ afternoon/ evening, sir/ ma'am./ Hello.**	1	Bom dia/ tarde/ noite, senhor(a)./ Olá.	Para recepcionar um grupo, não utilize ***sir*** ou ***ma'am***, apenas cumprimente. Ao longo do atendimento, as pessoas do grupo falarão com você individualmente, e então, você pode dirigir--se a cada uma utilizando ***sir*** ou ***ma'am.***
Oferecer ajuda	**May I help you?**	1	Posso ajudá-lo(a)?	
Perguntar sobre o número de pessoas	**For how many?**	1	Quantas pessoas?	
Perguntar se quer se sentar na área de fumantes ou não-fumantes	**Smoking or non--smoking?**	1	Fumante ou não fumante?	Com a nova lei antifumo em alguns estados do Brasil, esta frase só será utilizada se o restaurante tiver uma área externa.

FUNCTION	ENGLISH	SIT	PORTUGUESE	PROFESSIONAL TIPS
Pedir que o acompanhe	**Follow me./ (Come) this way, please.**	1/2	Siga-me./ Venha comigo./ (Venha) Por aqui.	
Oferecer-se para pegar algo	**Can I take your... ?**	1	Posso levar seu(s)/ sua(s)... ?	Você pode usar "Can I take... ?" para retirar coisas da mesa.
Perguntar se é hóspede	**Are you a (hotel) guest (here)?**	1	O(A) senhor(a) é hóspede do hotel/ aqui?	
Perguntar o número de apartamento	**What is your room number, please?**	1	Qual o número de seu apartamento ?	
Oferecer-se para acomodar pertences do cliente	**Would you like to use our cloakroom/ locker?/ Can I leave your coat at the cashier/ reception ?**	1	Gostaria de usar nossa chapelaria/ armário?/ Posso deixar seu casaco no caixa/ na recepção?	
Perguntar se tem reserva	**Do you have a reservation?**	2	O(A) senhor(a) tem reserva?	
Pedir um momento	**Just a moment.**	2	Espere um momento.	
Dizer que arrumará a mesa	**I'll set a table for you.**	2	Vou arrumar a mesa para o(a) senhor(a).	
Pedir para esperar	**Please wait (at the bar)/ (at the reception) over there.**	2	Por favor, espere (no bar)/ (na recepção) ali.	
Informar que a mesa está arrumada	**Your table is set/ ready.**	2	Sua mesa está arrumada/ pronta.	
Pedir o nome da reserva	**Under what name?/ (What's) Your name?**	2/4	A reserva está em nome de quem?/ (Qual é) Seu nome?	
Perguntar se gosta daquela mesa	**Will this table be all right?**	3	Esta mesa está boa?	Se o cliente tem uma reserva e sua mesa está pronta, você provavelmente não vai usar esta pergunta, certo?
Outra maneira de dizer sim	**Certainly.**	3	Certamente.	Prefira as palavras "Yes" e "Certainly". Evite utilizar "Ok".
Convidá-lo(a) para sentar-se	**Have a seat.**	3	Sente-se.	
Oferecer uma bebida	**Would you like a drink?**	3	Gostaria de uma bebida?	Sempre que quiser oferecer algo, pode usar "Would you like...?".

FUNCTION	ENGLISH	SIT	PORTUGUESE	PROFESSIONAL TIPS
Entregar o cardápio	**Here's the menu.**	3	Aqui está o cardápio.	
Desculpar-se	**I'm sorry.**	4	Desculpe-me./ Sinto muito.	É de bom tom desculpar-se quando não pode atendê-lo em alguma necessidade prontamente.
Dizer que as mesas estão ocupadas	**All the tables are taken.**	4	Todas as mesas estão ocupadas.	
Perguntar se gostaria de esperar	**Would you like to wait (at the bar) (over there)?**	4	Gostaria de esperar (no bar) (ali)?	
Informar tempo de espera	**About... minutes.**	4	Aproximadamente... minutos.	Ao informar o tempo de espera é mais seguro utilizar ***about*** para dizer o tempo aproximado.
Informar que não compreende	**I don't understand.**	5	Não compreendo./ Não entendo.	
Pedir que fale mais devagar	**Speak slowly.**	5	Fale mais devagar.	
Pedir que repita	**(Could you) Repeat.(?)**	5	Pode repetir ? Repita.	
Informar que fala pouco inglês	**I speak a little English.**	5	Falo pouco inglês.	
Informar que chamará outro profissional ou ajuda	**I'll call the hostess/ headwaiter/ manager/ supervisor./ I'll call for help.**	5	Vou chamar a hostess/ o maître/ o gerente/ o supervisor./ Vou chamar ajuda.	

BONUS 1

O quebra-cabeça a seguir demonstra que uma conversa pode tomar vários rumos. No atendimento ao cliente, a primeira coisa a se fazer é ouvir com atenção o que ele tem a dizer e, observando todo o contexto envolvido no momento da conversa, responder de forma adequada a dar prosseguimento ao atendimento.

Como montar:

1. A parte do cliente está feita, pois é justamente baseado na fala do cliente que o garçom deve dar seu próximo passo na comunicação.
2. Os quadros coloridos são espaços para as frases do garçom.

3. Cada uma das sequências verticais é uma possibilidade de condução do diálogo.
4. Quando os caminhos se abrem significa que há mais de uma opção de continuação.
5. Quando os caminhos se juntam significa que várias opções têm uma só continuação.
6. Às vezes, há uma flecha que indica que é possível continuar por outro ponto do quebra-cabeça.
7. Utilize as frases listadas abaixo como opções para montar o quebra-cabeça. Elas poderão ser usadas mais de uma vez, se necessário.

Boa sorte!

- About 20 minutes.
- Can I take your coat?
- Follow me, please.
- For how many?
- Good morning. May I help you?
- Have a seat, ma'am.
- I'm sorry, ma'am, I speak a little English. Just a moment, please. I'll call the manager.
- I'm sorry. All the tables are taken.
- Just a moment, ma'am. I'll set a table for you.
- Ms. XXX. Your table is ready.
- Please, wait at the bar over there.
- Smoking or nonsmoking?
- The bar is over there.
- Will this table be alright?
- Would you like a drink?
- Would you like to wait?
- Yes, ma'am. Follow me, please.
- Yes, ma'am. Here's the menu. Excuse me.
- Your name, please?

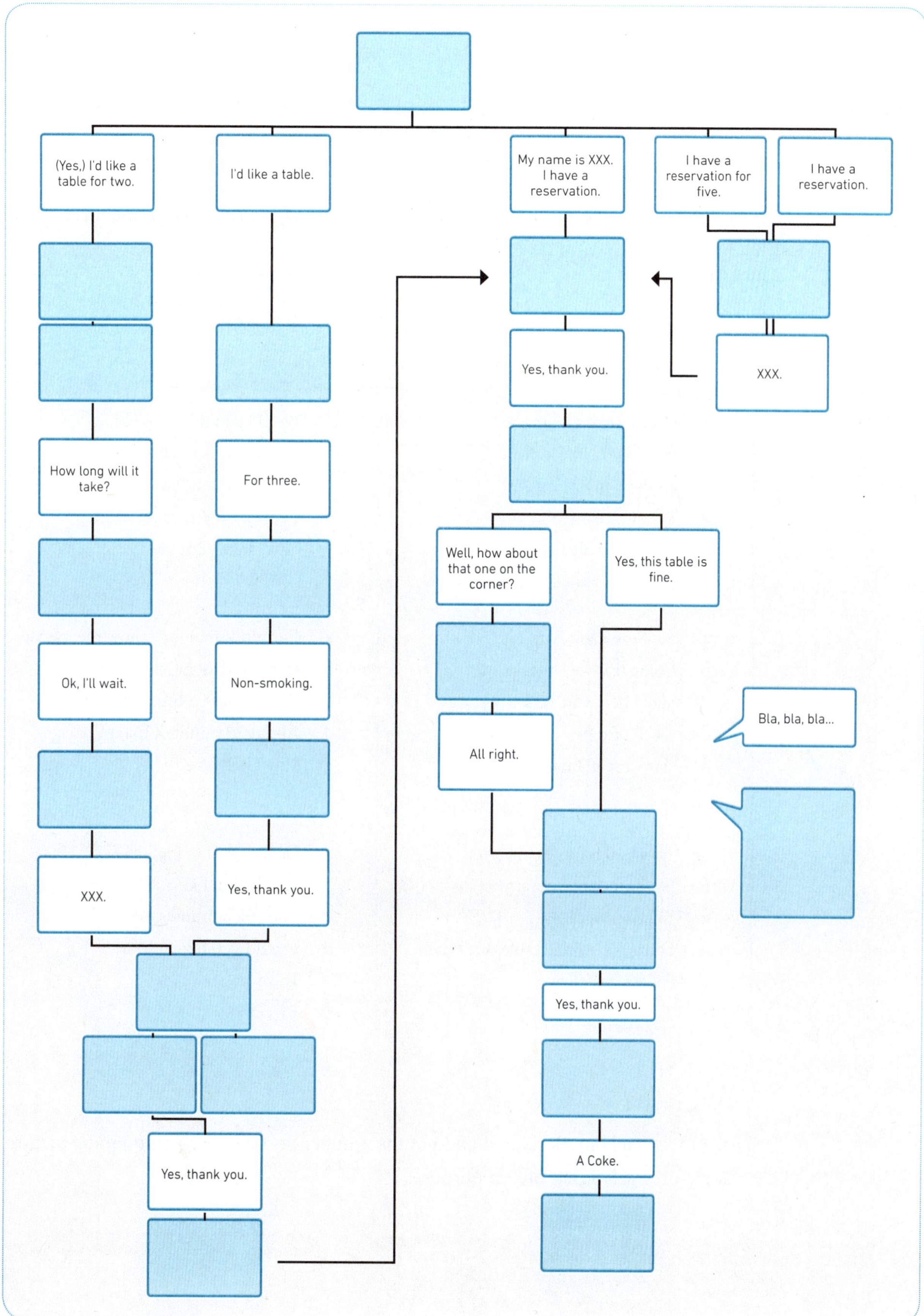
(Yes,) I'd like a table for two.
I'd like a table.
My name is XXX. I have a reservation.
I have a reservation for five.
I have a reservation.
Yes, thank you.
XXX.
How long will it take?
For three.
Well, how about that one on the corner?
Yes, this table is fine.
Ok, I'll wait.
Non-smoking.
All right.
Bla, bla, bla...
XXX.
Yes, thank you.
Yes, thank you.
A Coke.
Yes, thank you.

QUIZ 1

DESAFIO

Faça o teste abaixo. Se você acertar pelo menos oito das dez questões, siga para o capítulo 2. Se acertar menos que isso, por que não faz a revisão da página anterior novamente?

EXERCISE I

Listen to the customer's requests and mark the correct answer:

1.
- a. Have a seat, ma'am.
- b. Would you like a drink, ma'am?
- c. For how many, ma'am?
- d. Follow me, ma'am.
- e. Will this table be all right?

2.
- a. For how many, sir?
- b. Come this way, please.
- c. May I help you, sir?
- d. I'll call for help.
- e. Have a seat, please.

3.
- a. About 20 minutes, ma'am.
- b. For how many, ma'am?
- c. Your name, please?
- d. Sorry, sir. All the tables are taken.
- e. Follow me, please.

4.
- a. Would you like a drink?
- b. Come this way, sir.
- c. For how many, sir?
- d. Do you have a reservation?
- e. Can I take your bag?

5.
- a. Certainly, ma'am. Follow me, please.
- b. Here's the menu, ma'am.
- c. Do you have a reservation?
- d. About 25 minutes, ma'am.
- e. May I help you?

6.
- a. Under what name, sir?
- b. Would you like a drink, sir?
- c. About 15 minutes, sir.
- d. Would you like to wait?
- e. This way, sir.

EXERCISE II

Listen to the customer's request and put the number next to the corresponding picture. Two pictures will be left out on purpose:

A

(   )

B

(   )

C

(   )

D

(   )

E

(   )

F

(   )

Seus acertos: ____

CHAPTER 1 – ANSWERS

SITUATION 1

COMPREHENSION

1.	(V)	Good evening.
2.	(V)	Sir
3.	(F)	Two
4.	(V)	Yes

EXERCISES

I. 05, 08, 03, 07, 01, 04, 02, 06

II.
May I help you?
Can I take your raincoat?
For how many?
Smoking or nonsmoking?

THINK ABOUT

É comum utilizar as palavras *sir* ou *ma'am* no final das frases. Se você estiver falando várias frases seguidas, no entanto, fica muito repetitivo usar essas palavras em todas as frases. Portanto, use-as com moderação. Uma boa medida é usá-las não mais do que uma vez em cada grupo de frases.

ANSWERS

SITUATION 2

COMPREHENSION

1.	(F)	three
2.	(V)	sir, ma'am
3.	(F)	no, I don't
4.	(V)	I'll set a table for you.
5.	(F)	bar
6.	(V)	I have a reservation
7.	(V)	Come this way.

EXERCISES

I. e, b / h / j, i, a / k, c, g

II. 1.b, 2.c, 3.b, 4.a

THINK ABOUT

As frases não utilizadas são *For how many?* porque o cliente já informou quantas pessoas vão se sentar e *Under what name, please?* porque o cliente disse que não tem reserva.

SITUATION 3

COMPREHENSION

1.	(F)	two
2.	(V)	a table for two
3.	(V)	Well, how about that one by the window?
4.	(F)	the window
5.	(V)	drink, menu
6.	(F)	dry martini

EXERCISES

I. c, d, a, f, b, e

II. d, c, a, b

THINK ABOUT

Resposta pessoal

SITUATION 4

COMPREHENSION

1.	(V)	evening, twelve
2.	(F)	All the tables are taken.
3.	(F)	Would you like to wait?
4.	(F)	about
5.	(V)	All right, I'll wait.
6.	(V)	What's your name?
7.	(F)	Would you like to wait at the bar?

EXERCISES

I. 05, 01, 04, 03, 10, 09, 06, 08, 02, 07

II. a. S, b. N, c. S, d. S, e. N, f. S, g. S

THINK ABOUT

A frase *a* pode entrar logo depois que o cliente pede a mesa. A frase *c* pode entrar em vez de oferecer ao cliente que aguarde no bar, seguida da frase *f*, que indicaria onde é o bar. A frase *g* pode ser dita assim que houver uma mesa disponível seguida da frase *d*, para levá-lo até lá.

SITUATION 5

COMPREHENSION

1.	(V)	repeat
2.	(V)	Yes, I'd like to...
3.	(F)	I'll call the manager.
4.	(F)	manager
5.	(F)	Thank you.

EXERCISES

I. e, g, b, f, c, d, h, a

II. A ≠ B, C = D, E = F

THINK ABOUT

Resposta pessoal

ANSWERS

VOCABULARY

Personal Belongings I: 13, 2, 4, 7, 6, 11, 3, 8, 12, 10, 5, 9, 1

Tableware: 12, 3, 16, 2, 10, 9, 4, 6, 8, 19, 5, 14, 20, 11, 15, 7, 22, 13, 1, 17, 18, 21

Restaurante Items: 4, 5, 11, 1, 12, 2, 9, 7, 6, 8, 3, 10

BASICS

Numbers from zero (0) to ninety-nine (99)

I.

503 - five-o-three

315 - three fifteen

926 - nine twenty-six

1010 - ten-ten

1001 - ten-o-one

1109 - eleven-o-nine

1230 - twelve thirty

1550 - fifteen fifty

3008 - thirty-o-eight

3217 - thirty-two seventeen

II.

Resposta pessoal.

Resposta pessoal.

Resposta pessoal.

Numbers from one hundred (100) to nine hundred ninety-nine (199)

I. 730, 269, 870, 404, 612, 387, 513, 900, 109, 2270, 260, 14, 4301, 1008, 9313, 101, 340, 1550

II. Resposta pessoal.

Prepositions

I.

3, 8, 6, 11

2, 9, 1, 7

5, 10, 4

II.

Respostas pessoais.

BONUS 1

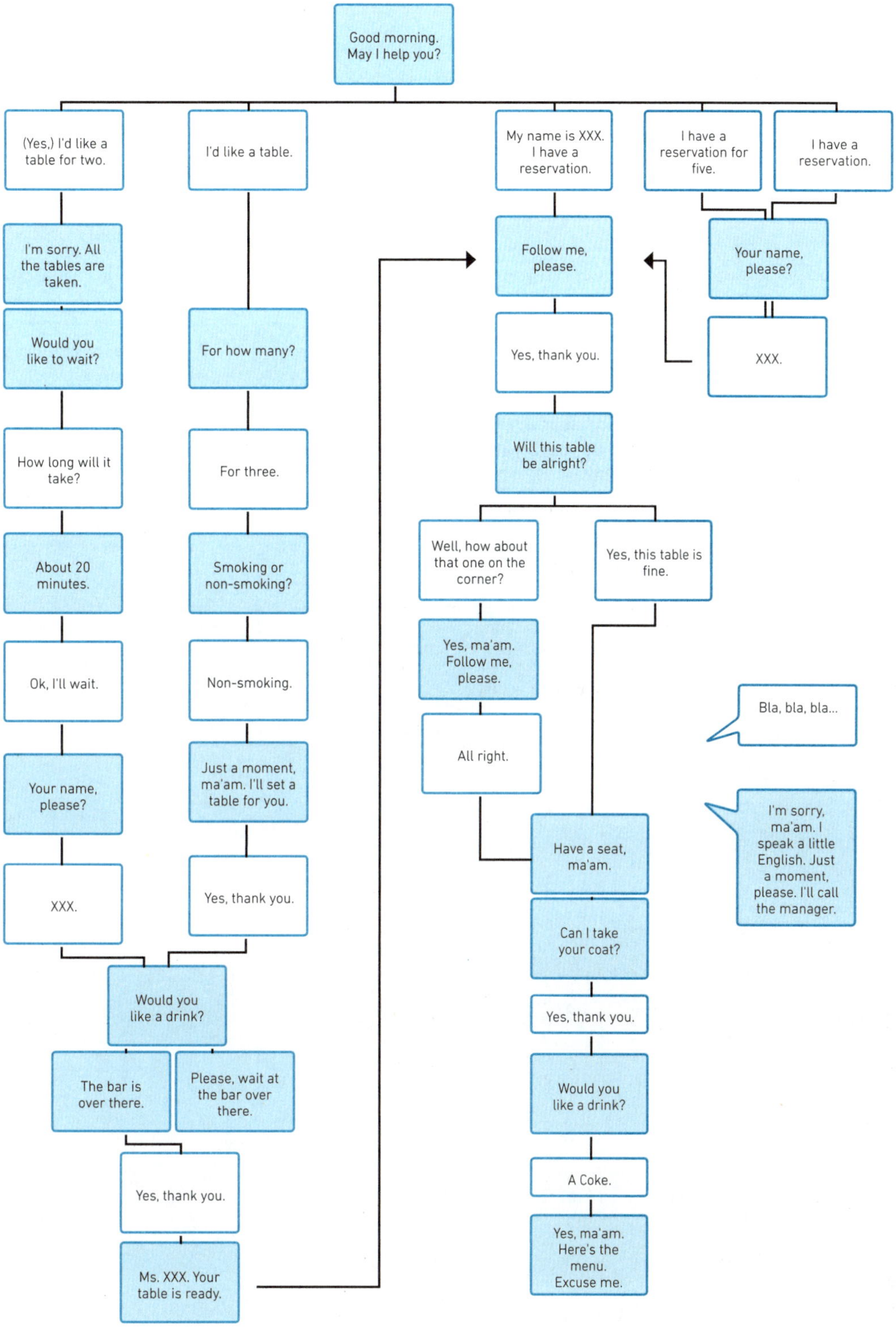
Good morning. May I help you?
(Yes,) I'd like a table for two.
I'm sorry. All the tables are taken.
Would you like to wait?
How long will it take?
About 20 minutes.
Ok, I'll wait.
Your name, please?
XXX.
I'd like a table.
For how many?
For three.
Smoking or non-smoking?
Non-smoking.
Just a moment, ma'am. I'll set a table for you.
Yes, thank you.
Would you like a drink?
The bar is over there.
Please, wait at the bar over there.
Yes, thank you.
Ms. XXX. Your table is ready.
My name is XXX. I have a reservation.
I have a reservation for five.
I have a reservation.
Your name, please?
XXX.
Follow me, please.
Yes, thank you.
Will this table be alright?
Well, how about that one on the corner?
Yes, this table is fine.
Yes, ma'am. Follow me, please.
All right.
Have a seat, ma'am.
Can I take your coat?
Yes, thank you.
Would you like a drink?
A Coke.
Yes, ma'am. Here's the menu. Excuse me.
Bla, bla, bla...
I'm sorry, ma'am. I speak a little English. Just a moment, please. I'll call the manager.

ANSWERS

QUIZ 1

TAPESCRIPT	RESPOSTA	DICA DA PROFESSORA
EXERCISE I		
1. Waiter, I'd like a table, please.	c	Você não pode fazer nada sem antes saber quantas pessoas vão sentar.
2. Waiter, can you get us a table for two?	b	Preste atenção ao que o cliente fala para não perguntar sobre algo que já foi dito.
3. My name is Wilson. I have a reservation for five.	e	A mesa do cliente estará reservada para ele mesmo que o restaurante esteja cheio.
4. A table for 25, please.	d	Para grupos grandes é provável que haja uma reserva.
5. Well, I'd rather sit somewhere else. Could we possibly sit next to the piano?	a	Se houver lugar disponível é possível atender o desejo do cliente.
6. How long will it take to wait?	c	A partir dessa informação o cliente decide se espera ou não.
EXERCISE II		
1. Waiter, where can I put my **umbrella**?	e	
2. Can you please bring me a **napkin**?	d	
3. This **wine glass** is dirty.	b	
4. Waiter, I need one more **tea cup**, please.	c	

CHAPTER 2

MENU SERVICE

O tema do capítulo 2 é o pedido à la carte em um restaurante ou bar.
Veja a seguir o que você vai aprender neste capítulo.

SITUATIONS
Aqui estão as situações do capítulo

AQUECENDO

Antes de começar a aprender coisas novas, observe a ilustração e pense um pouco sobre as seguintes questões:

Esta situação acontece em minha rotina de trabalho?

Consigo pensar em uma forma adequada de resolver isso em português?

Eu sei me comunicar nesta situação em inglês? O que eu posso ou devo dizer?

LISTEN AND READ

SITUATION 1 Bringing the customer from the bar to the table

WAITER: Mr. Smith.
CUSTOMER: *That's me.*
WAITER: *Your table is set, sir. Follow me, please.*
CUSTOMER: All right.
WAITER: Have a seat, please. Here's the menu, sir.
CUSTOMER: Thank you.
WAITER: Would you like another drink?
CUSTOMER: Yes, another beer, please.
WAITER: Yes, sir. Excuse me.
Here's your drink, sir.
CUSTOMER: Thank you.

COMPREHENSION

Observe a situação 1 e responda verdadeiro (V) ou falso (F). No quadro abaixo, escreva a(s) palavra(s) que justifica(m) sua resposta. Observe o exemplo.

	VERDADEIRO OU FALSO?		JUSTIFIQUE
1.	O garçom está atendendo um homem cujo sobrenome é Smith.	(V)	Mr. Smtih
2.	O cliente está no bar, ouve seu nome ser chamado e acompanha o garçom.	( )	
3.	O cliente estava bebendo um suco de laranja anteriormente e agora pede uma cerveja.	( )	
4.	O garçom entrega o cardápio depois que traz a bebida.	( )	

VARIATIONS

O diálogo da situação 1 poderia ser diferente. Veja algumas das possíveis variações:

I. Quando você recebe uma senhora, pode dizer:
Para senhoras casadas: **Mrs. Smith**
Para senhoras casadas ou não: **Ms. Smith**

ATENÇÃO

O título *Ms.* foi criado para ser usado quando o estado civil de uma mulher é desconhecido ou irrelevante. Atualmente, é muito usado para dirigir-se às mulheres. Como ele pode ser utilizado para mulheres casadas ou não, se você usá-lo, não erra ou comete gafes.

II. Como já vimos brevemente no capítulo 1, com os títulos você deve utilizar o nome completo ou o sobrenome, jamais o primeiro nome apenas!
Mr. (Paul) Smith (senhor)
Mrs. (Susan) Thomson (senhora, casada)
Ms. (Julia) Randall (senhora, casada ou não)
Miss (Hillary) White (senhorita)

Também vimos no capítulo 1, que para informar que a mesa está pronta, você também pode dizer:
Your table is ready.

III. Você pode dizer, igualmente:

Here's your drink.

Here is your drink.

IV. Para entregar as bebidas para várias pessoas, ao chegar à mesa, você pode dizer:

Your drinks.

Here are your drinks.

LISTEN AND REPEAT

Agora que você já sabe como pode variar a situação 1, repita as frases que aprendeu:

Mr. Smith, your table is set.
Mrs. Thomson, your table is ready.
Ms. Randall, your table is set.
Miss White, your table is ready.
Would you like another drink?
Here's your drink.
Here is your drink.
Your drinks.
Here are your drinks.

EXERCISES

I. **Order the dialogue**

Ordene as falas conforme sua prática profissional. A seguir estão dois momentos: da recepção do cliente que aceita esperar no bar e da transferência dele do bar para a mesa.

	QUANDO O CLIENTE CHEGA AO RESTAURANTE
( )	Your name, please?
( )	Yes. Can we have a table for eight?
( )	Yes, we can wait.
( )	Yes, thanks.
( )	Mr. Johnson, please wait at the bar.
( )	Johnson.
( )	I'm sorry, sir, all the tables are taken. Would you like to wait?

( )	How long will it take?
( )	Good evening, sir. May I help you?
( )	About 15 minutes, sir.

QUANDO O CLIENTE É LEVADO DO BAR À MESA	
( )	Would you like another drink?
( )	Thank you.
( )	Mr. Johnson.
( )	Your table is set, sir. Follow me, please.
( )	Yes.
( )	Have a seat, please. Here's the menu.
( )	Yes, sir. Excuse me... Here's your drink.
( )	Yes, I'll have a caipirinha now.
( )	That's me!

II. **Possible substitutions**

Indique as possíveis substituições para as frases em itálico colorido nas situações descritas abaixo.

ATENÇÃO

As substituições indicadas não poderão mudar o sentido do diálogo.

Waiter: Mr. Grant, your table is set. *Follow me, please...*

a. Will this table be all right?
b. Would you like to wait?
c. Come this way, please.
d. I'll call for help.
e. For how many?

Waiter: *Would you like another drink?*
Customer: Yes, I'll have a guaraná.

a. May I help you?
b. Here is the menu.
c. Here is your drink.

d.	Would you like a beer?
e.	Would you like a drink?

Waiter: Would you like another drink?
Customer: *Yes, I'll have another beer.*

a.	Yes, can I have another drink?
b.	Yes, I'd like a beer.
c.	Yes, I need another table.
d.	I'd like another drink.
e.	I'd like a drink.

Waiter: Would you like a drink?
Customer 1: I'll have orange juice.
Customer 2: I'll have a Coke.
Waiter: Certainly, excuse me... *Your drinks.*

a.	Here is your drink.
b.	Here is the menu.
c.	Have a seat, please.
d.	Here are your drinks.
e.	Your table is ready.

THINK ABOUT

Sabemos que ao utilizar os títulos em inglês *Mr.*, *Mrs.*, *Ms.* e *Miss* devemos usar o nome completo ou o sobrenome da pessoa. Veja alguns exemplos e preencha os espaços com suas próprias frases:

a. *Mr. Barack Obama* is the president of the United States.
b. *Ms. Clinton* is the secretary of state of the United States.
c. ______________________________
d. ______________________________
e. ______________________________
f. ______________________________
g. ______________________________

AQUECENDO

Antes de começar a aprender coisas novas, observe a ilustração e pense um pouco sobre as seguintes questões:

Esta situação acontece em minha rotina de trabalho?

Consigo pensar em uma forma adequada de resolver isso em português?

Eu sei me comunicar nesta situação em inglês? O que eu posso ou devo dizer?

LISTEN AND READ

SITUATION 2

Making a suggestion

WAITER:	Excuse me, ma'am. Good afternoon. My name is John. I'll be your waiter today.
CUSTOMER:	All right.
WAITER:	Here's the menu. Would you like to see the wine list?
CUSTOMER:	No, thank you. We'll have *orange juice*.
WAITER:	Certainly, ma'am.
CUSTOMER:	*Can you give us a suggestion?*
WAITER:	Would you like meat, fish, poultry, seafood, pasta...?
CUSTOMER:	We'll have *pasta*.
WAITER:	We have a nice *spaghetti bolognese.*
CUSTOMER:	Ok, We'll have that, please.

STUDY
Food categories and examples, page 90.

WAITER:	Certainly, ma'am.
	Would you like an appetizer?
CUSTOMER:	No, thanks.
WAITER:	Yes, ma'am. Excuse me.

COMPREHENSION

Observe a situação 2 e responda verdadeiro (V) ou falso (F). No quadro abaixo, escreva a(s) palavra(s) que justifica(m) sua resposta. Observe o exemplo.

	VERDADEIRO OU FALSO?		JUSTIFIQUE
1.	A cliente quer ver a carta de vinhos.	(F)	No, thank you. I'll have orange juice
2.	A cliente pede uma sugestão.	( )	
3.	A cliente gostaria de ouvir uma sugestão de peixe.	( )	
4.	A cliente não aceita a sugestão do garçom.	( )	
5.	O garçom oferece uma entrada.	( )	
6.	A cliente pede uma entrada.	( )	

VARIATIONS

O diálogo da situação 2 poderia ser diferente. Veja algumas das possíveis variações:

I. Para apresentar-se ao iniciar o atendimento, diga seu nome e avise que será o responsável pelo atendimento. Lembre-se de diferenciar as frases de acordo com a refeição. Observe:
My name is John. I'll be your waiter today. (para o café da manhã e o almoço)
My name is Mary. I'll be your waitress tonight. (para o jantar)

II. Se o cliente quiser ver a carta de vinhos, para entregá-la, você pode falar da mesma forma que entrega o cardápio:
Here is the wine list.

III. Vamos aprender mais sobre vinhos no capítulo 5. Se o local onde você trabalha tiver um profissional especializado chamado sommelier, você pode chamá-lo para fazer o atendimento das mesas que pedirem a carta de vinhos. Informe os seus clientes assim:
I'll call the sommelier.

Em alguns restaurantes, é o maître quem faz esse trabalho. Então você pode dizer:
I'll call the headwaiter.

IV. O cliente pode pedir apenas uma sugestão, como fez na situação 2, ou já uma sugestão do tipo de prato que gostaria. Veja a diferença e também outras frases que ele pode utilizar:
Can you give me a suggestion?
Can you give me a suggestion of pasta?
Can I have a suggestion (of fish)?

I'd like a suggestion (of seafood).

What do you recommend? (O que você recomenda?)
What is good here? (O que é bom aqui?)
What is your specialty? (Qual é a especialidade da casa?)

V. Há clientes que, mesmo indecisos sobre o que vão comer, não pedem sugestões. Se você sentir vontade de oferecer uma sugestão e se os procedimentos de seu local de trabalho permitirem, você pode dizer:
Would you like a suggestion?

Como resposta, o cliente dirá provavelmente: "**Yes, please.**" ou "**No, thank you.**"
Se ele aceitar, prossiga perguntando sobre o tipo de prato, antes de dar a sugestão propriamente dita.

Outra coisa que ele pode pedir é mais tempo: "**Can I have a little more time?**".
Nesse momento, você pode apenas dizer: "**Certainly.**", retirar-se e voltar depois.

VI. Para sugestões de carne, você ainda pode perguntar se o cliente prefere carne magra ou com gordura, assim:
Do you prefer lean or fat meat?

VII. Para sugerir algo no singular, diga:
We have <u>a</u> nice spaghetti bolognese. (Temos um delicioso espaguete à bolonhesa.)

Para sugerir algo no plural, diga:
We have nice prawns. (Temos deliciosos camarões grandes.)

VIII. Outra palavra para *appetizer* é *starter*. Você pode oferecer a entrada dessa forma:
Would you like a starter?

LISTEN AND REPEAT

Agora que você já sabe como pode variar a situação 2, repita as frases que aprendeu:

My name is John. I'll be your waiter today.
My name is Mary. I'll be your waitress tonight.
Would you like to see the wine list?
Here is the wine list.
I'll call the sommelier.
Would you like a suggestion?
Would you like meat, fish, poultry, seafood, pasta...?
Do you prefer lean or fat meat?
We have a nice spaghetti bolognese.
Would you like an appetizer?
Would you like a starter?

EXERCISES

I. **Mark the correct alternative**

Escolha a alternativa correta para completar a conversa de forma adequada. Lembre-se: nas situações abaixo, o garçom está falando primeiro. Observe o exemplo.

Waiter: ( )	Would you like another beer?
Waiter: (×)	Would you like a drink?
Waiter: ( )	Would you like to wait?
CUSTOMER:	A beer, please.

1.	**Waiter:** ( )	a.	Would you like another drink?
	Waiter: ( )	b.	Would you like meat, fish, seafood...?
	Waiter: ( )	c.	Would you like to see the wine list?
	CUSTOMER:		Yes, please bring me the wine list.

2.	**Waiter:** ( )	a.	May I help you?
	Waiter: ( )	b.	Would you like meat, seafood, poultry…?

	Waiter: ( )	c.	Would you like to see the wine list?
	CUSTOMER:		I'd prefer meat.

3.	Waiter: ( )	a.	Would you like to see the wine list?
	Waiter: ( )	b.	Would you like meat, fish, poultry…?
	Waiter: ( )	c.	Would you like to wait?
	CUSTOMER:		No, thanks. Bring me a guaraná.

4.	Waiter: ( )	a.	Would you like another drink?
	Waiter: ( )	b.	Your table is set.
	Waiter: ( )	c.	Would you like an appetizer?
	CUSTOMER:		Yes, bring a salmon carpaccio, please.

II. **Mark the correct alternative**

Escolha a alternativa correta para completar a conversa de forma adequada. Lembre-se: nas situações abaixo, o cliente está falando primeiro. Observe o exemplo.

Customer: ( )	I'd like a table, please.
Customer: (×)	I'll have a Coke, please.
Customer: ( )	How long will it take?
WAITER:	Yes, sir. Here's the menu.

1.	Customer: ( )	a.	I'd like to order wine, please.
	Customer: ( )	b.	I want to see the menu, please.
	Customer: ( )	c.	Can I have an appetizer?
	WAITER:		I'll call the sommelier.

2.	Customer: ( )	a.	Can you give a suggestion of pasta, please?
	Customer: ( )	b.	What do you recommend?

Customer: ( )	c.	I'd like to eat seafood. What is your specialty?
WAITER:		Would you like meat, fish, poultry...?

3.	Customer: ( )	a.	What do you recommend?
	Customer: ( )	b.	I'd like to eat fish. What is good here?
	Customer: ( )	c.	Can I have a suggestion of seafood, please?
	WAITER:		We have a nice lobster.

4.	Customer: ( )	a.	I'll have the ravioli in red sauce.
	Customer: ( )	b.	I'd like orange juice.
	Customer: ( )	c.	I want a green salad.
	WAITER:		Yes, ma'am. Would you like an appetizer?

III. **Research**

Utilize o cardápio de seu local de trabalho para responder aos pedidos dos clientes. Observe o exemplo:

Customer: Can I have a suggestion of risotto?

Waiter: We have a nice seafood risotto, sir.

1. Can I have a suggestion of pasta?

   ____

2. I'd love to eat some fish. What do you recommend?

   ____

3. Can you give me a suggestion of meat?

   ____

4. I'd like poultry. What is good here?

   ____

THINK ABOUT

Volte aos exercícios I e II e observe as alternativas que não foram marcadas. Você pode agora, como forma de estudo, pensar em quais seriam as continuações apropriadas para cada uma. Vamos fazer uma vez juntos. Veja a primeira alternativa do exercício I:

Se você disser "**Would you like another beer?**", o que responderá o cliente?

Pense: ele tem duas possibilidades, pode aceitar ou recusar, certo?
As respostas possíveis seriam:
"**Yes, please.**" ou "**No, thank you.**"
Agora continue sozinho.

____
____
____
____
____
____
____
____
____
____
____
____

AQUECENDO

Antes de começar a aprender coisas novas, observe a ilustração e pense um pouco sobre as seguintes questões:

Esta situação acontece em minha rotina de trabalho?

Consigo pensar em uma forma adequada de resolver isso em português?

Eu sei me comunicar nesta situação em inglês? O que eu posso ou devo dizer?

LISTEN AND READ

SITUATION 3

Taking the order and delivering the meal

STUDY
Meat and chicken dishes, page 91.

WAITER: Excuse me, sir. May I take your order ?

CUSTOMER: Yes, please. I'll have *the veal*.

WAITER: Would you like an *appetizer*?

CUSTOMER: Yes, *carpaccio*.

WAITER: Certainly, sir. Excuse me.

...

WAITER: Here you are, sir. Would you like anything else?

CUSTOMER: No, thanks. That's all.

WAITER: Enjoy your meal. Excuse me.

...

CUSTOMER: Waiter, please!
WAITER: Yes, sir. Is everything all right?
CUSTOMER: Yes, fine. Can I have *some more mineral water*, please?
WAITER: Certainly, sir. *Sparkling or still?*
CUSTOMER: *Still*, please.
WAITER: Yes, sir. Excuse me.

STUDY
Extra requests, page 92.

COMPREHENSION

Observe a situação 3 e responda verdadeiro (V) ou falso (F). No quadro abaixo, escreva a(s) palavra(s) que justifica(m) sua resposta. Observe o exemplo.

	VERDADEIRO OU FALSO?		JUSTIFIQUE
1.	O garçom vem para tirar o pedido.	(V)	May I take your order?
2.	O cliente pede frango.	( )	
3.	O cliente não pede entrada	( )	
4.	O garçom traz o pedido.	( )	
5.	Mais tarde, o garçom é chamado.	( )	
6.	O cliente pede uma cerveja.	( )	

VARIATIONS

O diálogo da situação 3 poderia ser diferente. Veja algumas das possíveis variações:

I. Para tirar o pedido, você também pode dizer:
Are you ready to order?

II. Se você estiver voltando à mesa depois de o cliente ter pedido um tempo para escolher, você também pode dizer:
May I take your order now?
Are you ready to order now?

III. Se o cliente chamar você, ao se aproximar da mesa, pode dizer o que foi mostrado na situação 3 ou:
Yes, ma'am. May I help you?

IV. É importante verificar frequentemente se o cliente precisa de algo ou se o serviço está correndo bem. Para isso você pode usar uma das frases abaixo:

Would you like anything else?
Anything else?
Is everything all right?

V. Quando o cliente pede água e não menciona se quer com ou sem gás, você precisa perguntar:

Sparkling or still?
Carbonated or plain?

LISTEN AND REPEAT

Agora que você já sabe como pode variar a situação 3, repita as frases que aprendeu:

May I take your order ?
Are you ready to order?
May I take your order now?
Are you ready to order now?
Here you are, ma'am.
Would you like anything else?
Anything else?
Is everything all right?
Enjoy your meal.
Sparkling or still?
Carbonated or plain?

EXERCISES

I. **Complete the dialogue**

Use cada uma das frases a seguir apenas uma vez para completar o diálogo. Você pode escrever a frase ou utilizar as letras correspondentes. *Atenção*: uma das frases não será utilizada.

SENTENCE BANK
a. Certainly, sir. Excuse me...
b. Certainly, sir. Would you like an appetizer?
c. Certainly, sir... Here's your bread. Excuse me.

d. Excuse me, sir. Here you are. Is everything all right?

e. Good evening, sir. My name is Robert. I'll be your waiter tonight.

f. Here is the wine list. I'll call the sommelier. May I take your order?

g. Here's the menu.

h. Will this table be all right?

i. Would you like anything else?

j. Would you like to see the wine list?

k. Yes, sir. Are you ready to order now?

l. Yes, sir. Excuse me.

Waiter: ______________________________
____
____

Customer: Ok, thank you.
Waiter: ______________________________

Customer: Thank you.
Waiter: ______________________________

Customer: Yes, please, we'll have some wine.
Waiter: ______________________________
____
____

Customer: Well, we need a little more time.
Waiter: ______________________________
____

Customer: Waiter, please.
Waiter: ______________________________

Customer: Yes, we'll have the grilled chicken and French fries.
Waiter: ______________________________

Customer: Oh, yes, the carpaccio for me and the green salad for her.
Waiter: ______________________________

Customer: No, thank you.

Waiter: ______________________________

____

(20 minutes later...)

Waiter: ______________________________

____

Customer: Yes, everything is excellent. Can I have some more bread?

Waiter: ______________________________

____

II. **Create a dialogue**

Inspire-se no diálogo do exercício anterior e, utilizando o que aprendeu neste capítulo, crie um diálogo com o mesmo tema, respeitando a forma e a ordem dos procedimentos de sua rotina de trabalho. Não se preocupe tanto com o que o cliente vai responder; capriche na sua parte como profissional.

____

____

____

____

____

____

____

____

THINK ABOUT

Em um determinado momento da situação 3, o garçom pergunta se o cliente quer ou precisa de mais alguma coisa e o cliente pede água mineral. Em sua rotina de trabalho, quais são os pedidos usuais em uma situação como essa? Liste-os aqui e, se souber, escreva-os em inglês para treinar.

______________ ______________

______________ ______________

______________ ______________

______________ ______________

AQUECENDO

Antes de começar a aprender coisas novas, observe a ilustração e pense um pouco sobre as seguintes questões:

Esta situação acontece em minha rotina de trabalho?

Consigo pensar em uma forma adequada de resolver isso em português?

Eu sei me comunicar nesta situação em inglês? O que eu posso ou devo dizer?

LISTEN AND READ

SITUATION 4

When the restaurant doesn't have a dish

WAITER: Excuse me. *May I take your order now*, sir?

CUSTOMER: Yes, we'll have the *sirloin*.

WAITER: I'm sorry, sir. We don't have it today. Would you like *tenderloin* instead?

CUSTOMER: *What's it served with?*

WAITER: *Red wine sauce and mashed potatoes.*

CUSTOMER: Can I have *French fries* instead of *mashed potatoes*?

WAITER: Certainly, sir. How would you like your meat?

CUSTOMER: Medium.

WAITER: Yes, sir. Excuse me.

STUDY *Vegetables I, page 92.*

STUDY *Potato kinds, page 94.*

STUDY *Grilled steak, page 94.*

COMPREHENSION

Observe a situação 4 e responda verdadeiro (V) ou falso (F). No quadro abaixo, escreva a(s) palavra(s) que justifica(m) sua resposta. Observe o exemplo.

	VERDADEIRO OU FALSO?		JUSTIFIQUE
1.	O cliente pede carne.	(V)	We'll have the sirloin
2.	O restaurante tem o prato que o cliente pediu.	( )	
3.	O garçom oferece outro prato.	( )	
4.	O cliente pede para trocar o acompanhamento do prato.	( )	
5.	Não é possível fazer a troca do acompanhamento.	( )	
6.	O garçom pergunta ao cliente sobre o ponto da carne.	( )	

VARIATIONS

O diálogo da situação 4 poderia ser diferente. Veja algumas das possíveis variações:

I. Para informar o cliente de que o restaurante não tem aquele prato, você pode dizer:
We don't have it today. (para o café da manhã e o almoço)
We don't have it tonight. (para o jantar)

II. Para o cliente pedir ou você oferecer que algo seja trocado, pode-se usar a palavra *instead.* Por exemplo: a situação 4, em que o cliente pede uma carne e o garçom oferece outro prato porque o restaurante não tem a carne que o cliente pediu.
Veja alguns exemplos de frases que o garçom pode dizer nessa situação:
Would you like chicken instead of duck?
Would you like orange juice instead?
Would you like steamed vegetables instead?

Agora alguns exemplos de frases de um cliente:
Can I have grilled chicken instead?
Could you bring me mashed potatoes instead (of roast potatoes)?

III. Quando o cliente quiser saber sobre um prato, ele pode perguntar algo como:
What is it served with?
What does it come with?
How is it prepared?
How is it served?

IV. Para perguntar o ponto da carne, você também pode dizer:
How would you like your steak?

LISTEN AND REPEAT

Agora que você já sabe como pode variar a situação 4, repita as frases que aprendeu:

I'm sorry, sir. We don't have it today.
We don't have it tonight
Would you like tenderloin instead?
Would you like chicken instead of duck?
Would you like orange juice instead?
Would you like steamed vegetables instead?
Red wine sauce and mashed potatoes.
How would you like your meat?
How would you like your steak?

EXERCISES

I. **Match the columns**
Ligue as perguntas do garçom com as respostas do cliente. Observe o exemplo.

GARÇOM		CLIENTE	
a.	Would you like another drink?	( )	Yes, I'll have the vegetable terrine.
b.	Would you like to see the wine list?	( )	Yes, I'd like the roast duck, please.
c.	May I take your order?	(a)	Yes, please. Bring me another Coke.
d.	Would like an appetizer?	( )	Yes, can I have some more ice?
e.	Would you like anything else?	( )	Well done, please.
f.	How would you like your sirloin, ma'am?	( )	Yes, please bring me the wine list.

II. **Match the columns**

Da mesma forma, ligue os pedidos do cliente com as respostas do garçom.

GARÇOM	CLIENTE
a. Can we have a suggestion of soup?	( ) It's roast duck with baby carrots.
b. What does the duck come with?	( ) Yes, sir. The onion soup is nice.
c. Can I have another fork? This one is dirty.	( ) Yes, ma'am. How would you like your meat?
d. I'd like some more mineral water.	( ) Certainly, ma'am. Here is your fork.
e. I don't like French fries. Can I have a salad instead?	( ) Steamed broccoli, potatoes and carrots, sir.
f. I'll have the tenderloin, please.	( ) Certainly, ma'am. Green salad?
g. What is the grilled chicken served with?	( ) Certainly, ma'am. Sparkling or still?

III. **Research**

Utilize o cardápio de seu local de trabalho para listar os pratos abaixo. Observe o exemplo:

Dê dois exemplos de pratos de carne e inclua o preparo.

Ex.: grilled rump steak

1. ______________________________
2. ______________________________

Dê dois exemplos de pratos de aves e inclua o preparo.

1. ______________________________
2. ______________________________

Dê dois exemplos de pratos de frutos do mar ou peixe e inclua o preparo.

1. ______________________________
2. ______________________________

Dê dois exemplos de pratos de massa e inclua o molho.

Ex.: cappelleti in red sauce

1. ______________________________
2. ______________________________

THINK ABOUT

No restaurante ou bar em que você trabalha certamente existem os pratos mais pedidos ou aqueles que são especialidades da casa. Escolha dois e descreva-os abaixo como no exercício III.

____

____

____

____

____

____

____

____

AQUECENDO

Antes de começar a aprender coisas novas, observe a ilustração e pense um pouco sobre as seguintes questões:

Esta situação acontece em minha rotina de trabalho?

Consigo pensar em uma forma adequada de resolver isso em português?

Eu sei me comunicar nesta situação em inglês? O que eu posso ou devo dizer?

LISTEN AND READ

SITUATION 5

Informing about a dish

WAITER: *May I take your order now?*

CUSTOMER: Yes, do you have anything with *chicken*?

WAITER: Yes, we have *grilled chicken.*

STUDY
Food preparation, page 94.

CUSTOMER: *What does it come with?*

WAITER: *Risotto in rosemary sauce.*

STUDY
Salad dressings, Spices and Herbs, page 95.

CUSTOMER: *They don't like the risotto. Is it possible to take it out?*

WAITER: Just a moment, sir. I'll check it for you... Yes, sir. Would you like *white rice* instead?

CUSTOMER: Yes, thanks.

COMPREHENSION

Observe a situação 5 e responda verdadeiro (V) ou falso (F). No quadro abaixo, escreva a(s) palavra(s) que justifica(m) sua resposta. Observe o exemplo.

	VERDADEIRO OU FALSO?		JUSTIFIQUE
1.	O cliente gostaria de pedir um prato de carne.	(F)	Do you have anything with chicken?
2.	O garçom sugere frango grelhado.	( )	
3.	O garçom não lembra o que compõe o prato.	( )	
4.	É possível trocar um dos acompanhamentos.	( )	
5.	O garçom oferece outro acompanhamento no lugar daquele que será retirado.	( )	
6.	O cliente não aceita o acompanhamento que o garçom oferece.	( )	

VARIATIONS

O diálogo da situação 5 poderia ser diferente. Veja algumas das possíveis variações:

I. O cliente pode chegar ao restaurante com vontade de comer algo específico e perguntar: "**Do you have anything with...?**" como no diálogo da situação 5. Se você tiver um prato a oferecer, é só dizer o nome do prato. Caso o restaurante ou bar onde trabalha não ofereça uma opção, você deverá informar o cliente:

I'm sorry, sir. We don't have it in our menu.
I'm sorry, sir. We don't have shrimps.
I'm sorry, sir. We don't serve seafood.

Se quiser sugerir algo, poderá dizer: "We have..." ou "We have a nice...", que você já conhece. Ou então dizer: "Que tal...?", assim:

How about the grilled chicken?

II. O cliente pode não apreciar algum item que compõe o prato. Observe como ele pode pedir para:

- retirar ou não colocar o ingrediente:

I don't like pepper. (não gosto)
I'm allergic to pepper. (sou alérgico)

Can you take it out?
Can it be taken out?
Can you make it without the pepper?
Can it be done without pepper?
Can you prepare it without the pepper?

ő trocar um ingrediente:
I don't like peas.
I have an allergy to peas.

Can I have carrots instead?
Can you put carrots instead?
Can you change peas to carrots?

ő mudar o preparo:
I'm on a diet.
Can I have it grilled instead of fried?

III. Esse item que o cliente não quer pode ser um ingrediente, um acompanhamento ou um molho, por exemplo. Em alguns casos, é possível fazer a troca, em outros é preciso verificar com a cozinha e, finalmente, há casos em que não é possível fazer a retirada ou a alteração. Veja como você deve reagir em cada caso:

ő Se for possível:
Customer: I'm allergic to garlic. Can it be done without garlic?
Waiter: **Certainly, sir.**

Customer: I don't want French fries. Can I have baked potato instead?
Waiter: **Certainly, sir.**

ő Se precisar verificar:
Customer: I don't like red pepper. Can you put cabbage instead?
Waiter: **Just a moment, sir. I'll check it for you.**

Customer: I have an allergy to tomatoes. Can they be taken out?
Waiter: **Just a moment, sir. I'll check it for you.**

(Depois de verificar)
Waiter: **Yes, sir. It's possible./ That's possible.**
I'm sorry, sir. It's not possible/ That's not possible.

ő Se não for possível:

Customer: I hate onions. Can you prepare that without onions?
Waiter: **I'm sorry, sir. It's not possible.**
I'm sorry, sir. That's not possible.

Customer: I don't want rice. Can I have risotto instead?
Waiter: **I'm sorry, sir. It's not possible.**
I'm sorry, sir. That's not possible.

IV. No momento do pedido, o cliente pode também solicitar que o prato seja dividido. Dependendo dos procedimentos adotados pelo restaurante ou bar, isso será possível ou não. As repostas que você utilizará são as mesmas que aparecem nos três casos do item anterior, mas qual é a pergunta que o cliente pode fazer? Para pedir a divisão do prato, ele pode usar *share* ou *split* para perguntar, assim:

Can we share a lobster?
Is it possible to share it?
Can we split a dish?

LISTEN AND REPEAT

Agora que você já sabe como pode variar a situação 5, repita as frases que aprendeu:

Yes, we have grilled chicken.
I'm sorry, sir. We don't have it in our menu.
I'm sorry, sir. We don't have shrimps.
I'm sorry, sir. We don't serve seafood.
How about the grilled chicken?
Funghi Risotto and baby corn.
I'll check it for you...
Certainly, sir.
Just a moment, sir. I'll check it for you.
Yes, sir. It's possible.
Yes, sir. That's possible.
I'm sorry, sir. It's not possible
I'm sorry, sir. That's not possible.

EXERCISES

I. **Match**

Identifique cada prato com o número que representa a sua categoria.

1. MEAT **2. FISH** **3. POULTRY** **4. PASTA** **5. SEAFOOD** **6. SALAD** **7. SOUP**

( ) grilled chicken	( ) lasagna in red sauce	( ) minestrone
( ) grilled sirloin	( ) grilled shrimps in curry	( ) carpaccio
( ) smoked salmon	( ) ravioli in white sauce	( ) Caesar salad
( ) duck in orange sauce	( ) lobster	( ) turkey medallions
( ) onion soup	( ) rump steak	( ) grilled sole
( ) crab	( ) rigatoni and tuna	( ) green salad

II. **Complete**

Levando em conta a sua prática e o cardápio do local em que você trabalha, complete os diálogos abaixo.

DIALOGUE 1

Waiter: May I take your order now?
Customer: Yes, I'd like ____________________. How is it served?
Waiter: ____
Customer: Good. Can we share this dish?
Waiter: ____

DIALOGUE 2

Waiter: Are you ready to order?
Customer: What is the ____________________________ served with?
Waiter: ____
Customer: Well, I don't like __________. Can I have _________________ instead?
Waiter: ____

DIALOGUE 3

Waiter: May I take your order?
Customer: Yes, I want the _________________, but I don't want the ____________.
Waiter: Would you like the ______________________ instead?
Customer: Yes, please.
Waiter: Certainly, sir.

THINK ABOUT

Você acaba de aprender algumas expressões que podem ser utilizadas em várias situações.

- **I'll check it for you.**
- **Yes, it's possible.**
- **I'm sorry, that's not possible.**

Dentro dos procedimentos e das rotinas que você vive em seu trabalho, você consegue pensar em mais situações nas quais conseguiria usar essas frases? Liste-as abaixo.

AQUECENDO

Antes de começar a aprender coisas novas, observe a ilustração e pense um pouco sobre as seguintes questões:

Esta situação acontece em minha rotina de trabalho?

Consigo pensar em uma forma adequada de resolver isso em português?

Eu sei me comunicar nesta situação em inglês? O que eu posso ou devo dizer?

LISTEN AND READ

SITUATION 6

Describing a dish

STUDY
Menu study, exercise II, page 89.

CUSTOMER: Waiter, please. How is this *penne* prepared?

WAITER: *It's penne in tomato sauce with pancetta.*

CUSTOMER: Is it spicy?

WAITER: No, ma'am. It's mild.

CUSTOMER: Ok, I'll have that, please.

COMPREHENSION

Observe a situação 6 e responda verdadeiro (V) ou falso (F). No quadro abaixo, escreva a(s) palavra(s) que justifica(m) sua resposta. Observe o exemplo.

	VERDADEIRO OU FALSO?		JUSTIFIQUE
1.	O cliente pede informações sobre a entrada.	(F)	How is this penne prepared?
2.	O garçom descreve o prato.	( )	
3.	O cliente gosta de pimenta.	( )	
4.	O prato é apimentado.	( )	
5.	O cliente decide pedir outro prato.	( )	

VARIATIONS

O diálogo da situação 6 poderia ser diferente. Veja algumas das possíveis variações:

I. Apesar de a palavra *spice* significar tempero, o cliente pode utilizar o adjetivo *spicy* para perguntar se algo é apimentado ou tem tempero forte. As perguntas podem ser:
Is it spicy?
Is it hot? (*quente*, também com o significado de apimentado)

II. O prato pode ter tempero suave (*mild*), pouco forte ou apimentado (*a little spicy*) ou muito forte ou apimentado (*very spicy*). Para responder, use a frase completa:
Customer: Is it spicy?
Waiter: No, sir. It's mild
Customer: Is it spicy?
Waiter: Yes, sir. It's a little spicy.
Customer: Is it spicy?
Waiter: Yes, sir. It's very spicy.

III. Há restaurantes que servem apenas pratos individuais, outros têm pratos para mais pessoas. Quando você quiser informar o cliente sobre isso, diga:
It serves one person./ This dish serves one person.
It serves two people./ This dish serves two people.
It serves three people./ This dish serves three people.

LISTEN AND REPEAT

Agora que você já sabe como pode variar a situação 6, repita as frases que aprendeu:

It's penne in tomato sauce with pancetta.
No, ma'am. It's mild.
Yes, sir. It's a little spicy.
Yes, sir. It's very spicy.
It serves one person.
This dish serves one person.
It serves two people
This dish serves two people.
It serves three people.
This dish serves three people

EXERCISES

I. **Match**

Ligue as colunas juntando as perguntas ou pedidos dos clientes com as respostas do garçom.

CUSTOMER'S REQUESTS	WAITER'S ANSWERS
1. Can I have some more water?	( ) How would you like your meat?
2. Do you have anything with shrimps?	( ) I'm sorry. We don't have fettuccine tonight. Would you like spaghetti instead?
3. I'll have wine.	( ) No, it's mild.
4. I'll have fettuccine.	(1) Sparkling or still?
5. Is the onion soup very spicy?	( ) String beans and carrots.
6. Please, give me a suggestion of fish.	( ) Onion soup.
7. What is the soup of the day?	( ) We have a nice grilled salmon.
8. What vegetables come with the fish?	( ) Would you like meat, poultry, fish, seafood...?
9. I'd like a suggestion, please.	( ) I'll call the sommelier.
10. I'll have rump steak.	( ) Yes, we have steamed shrimps in garlic sauce.

II. **Research**

Utilize as orientações dadas no *Menu study* a seguir e o cardápio de seu local de trabalho para descrever alguns pratos. O exercício solicita que você indique e descreva um prato de cada categoria listada. Observe o exemplo:

MENU STUDY			
grilled baked breaded roast fried smoked marinated	rump steak sirloin tenderloin T-bone lamb chops veal ribs (breast of) chicken turkey (breast) duck quail turkey partridge tuna fish salmon trout codfish shrimp crab lobster fettuccini ravioli	Optional in/ with mushroom sauce red wine sauce coconut milk sauce white sauce red sauce bolognaise sauce gravy* (or) in foil (or) stuffed with cheese ham rice shrimps	Served with mashed potatoes baked potatoes French fries (wild) rice saffron risotto lentils (steamed) vegetables

* *Gravy* is the juice that drips from cooking meat and any sauce made with it.

- Poultry Category: Name of the dish – "Chicken a la mode"
- Dish Description: Chicken in red wine sauce with broccoli and rice.

1. Meat Category: Name of the Dish

   ____

   Dish description:

   ____

2. Fish Category: Name of the Dish

   ____

   Dish description:

   ____

3. Poultry Category: Name of the Dish

   ____

   Dish description:

   ____

4. Pasta Category: Name of the Dish

   Dish description:

5. Other: Name of the Dish

   Dish description:

VOCABULARY

FOOD CATEGORIES AND EXAMPLES

LISTEN AND REPEAT

MEAT [CARNES]

POULTRY [AVES]

FISH [PEIXES]

SEAFOOD [FRUTOS DO MAR]

PASTA [MASSAS]
RISOTTOS [RISOTOS]

SOUP [SOPAS]

SALADS [SALADAS]

SAUCES [MOLHOS PARA MASSAS]

APPETIZERS [ENTRADAS]

EXERCISE

Categorize.

Observe as palavras na lista abaixo e coloque cada uma delas na coluna que corresponde a sua categoria na tabela da página anterior.

beef [carne de vaca]
bolognaise [bolonhesa]
Caesar salad [salada Caesar]
carpaccio [carpaccio]
cheese turnovers [pastéis de queijo]
chicken [frango]
chicken soup [canja de galinha]
clam [mexilhão/ marisco]
codfish [bacalhau]
crab [caranguejo]
duck [pato]
green salad [salada verde]
grouper [cherne]
lamb [carne de carneiro]
lasagna [lasanha]
lobster [lagosta]
meat turnovers [pastéis de carne]
mixed salad [salada mista]
onion soup [sopa de cebola]
partridge [perdiz]
pheasant [faisão]
pork [carne de porco]
quail [codorna]
rabbit [coelho]
ravioli [ravióli]
red sauce [molho de tomate]
risotto [risoto]
salmon [salmão]
shrimp [camarão]
snook [robalo]
sole [linguado]
spaghetti [espaguete]
terrine [terrina]
tuna [atum]
turkey [peru]
veal [carne de vitela]
vegetable soup [sopa de legumes]
white sauce [molho branco]

MEAT AND CHICKEN DISHES

LISTEN AND REPEAT

EXERCISE

Categorize: M for meat, C for chicken

Escreva M para pratos de *meat* (carnes) e C para *chicken* (frango).

[ ] boneless chicken [frango desossado]
[ ] veal cutlet [costeleta de vitela]
[ ] chicken breast [peito de frango]
[ ] chicken drumstick [coxa de frango]
[ ] rumpsteak [picanha]
[ ] sirloin [contrafilé]
[ ] spring chicken [galeto]
[ ] chicken heart [coração de frango]
[ ] tenderloin [filé-mignon]
[ ] chicken wings [asa de frango]

EXTRA REQUESTS

LISTEN AND REPEAT

Aqui estão mais algumas coisas que o cliente pode pedir:

bacon [bacon]
beans [feijão]
black/ green olives [azeitonas pretas/ verdes]
bread [pão]
butter [manteiga]
chickpeas [grão de bico]
grated cheese [queijo ralado]
ice (cubes) [(cubos de) gelo]
lentils [lentilha]
quail eggs [ovos de codorna]
rice [arroz]
rolls [bisnagas]
a selection of cheeses [uma variedade de queijos]
a slice of lemon [rodela de limão]
sugar [açúcar]
sweetener [adoçante]

VEGETABLES I

LISTEN AND REPEAT

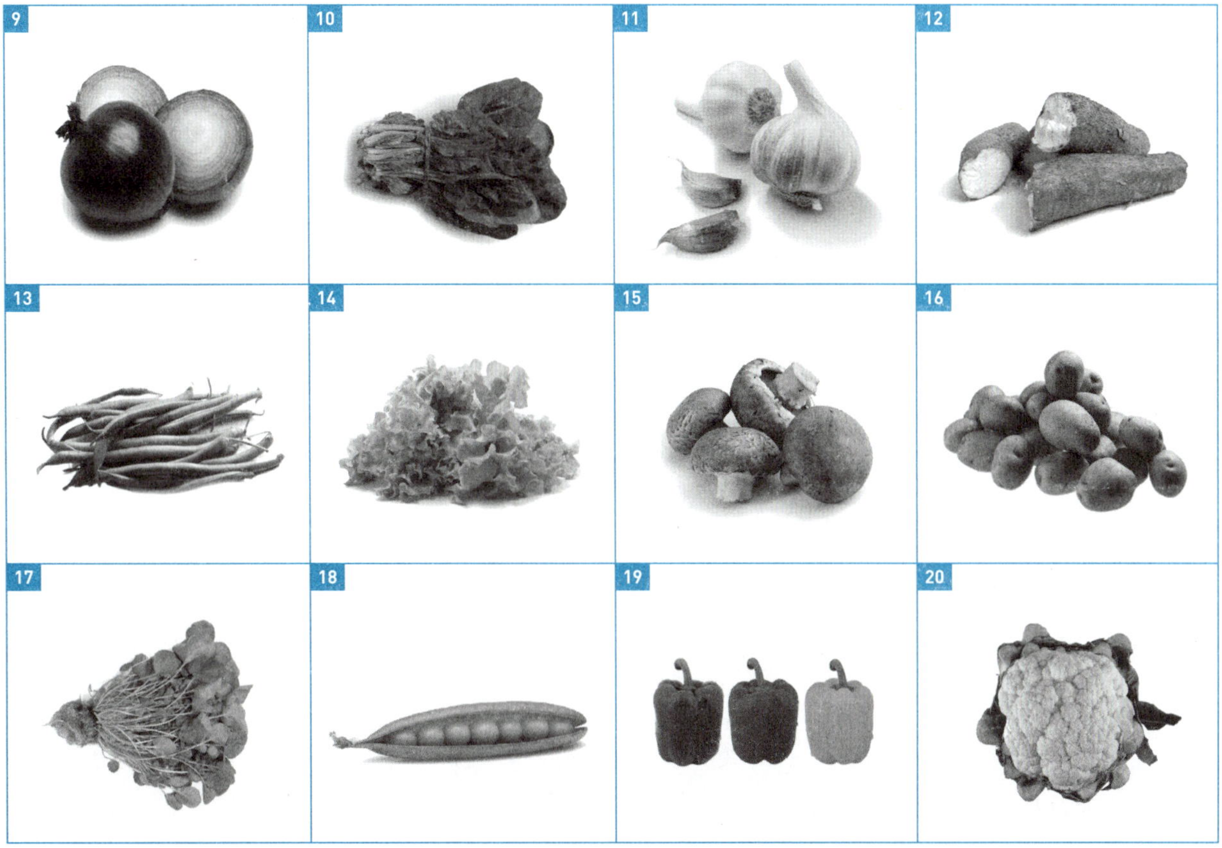

EXERCISE

Match the pictures to the names.

Ligue as figuras aos seus nomes utilizando os números que estão nos quadros. Tente fazer isso sem olhar as traduções. Observe o exemplo.

[ ] arugula [rúcula]
[ ] broccoli [brócolis]
[ ] carrot [cenoura]
[12] cassava/ manioc [mandioca]
[ ] cauliflower [couve-flor]
[ ] cucumber [pepino]
[ ] eggplant [berinjela]
[ ] garlic [alho]
[ ] heart of palm [palmito]
[ ] leek [alho-poró]
[ ] lettuce [alface]
[ ] mushroom [cogumelo]
[ ] onion [cebola]
[ ] pea [ervilha]
[ ] potato [batata]
[ ] red/ yellow/ green pepper [pimentão vermelho/ amarelo/ verde]
[ ] spinach [espinafre]
[ ] string bean [vagem]
[ ] tomato [tomate]
[ ] watercress [agrião]

POTATO KINDS

LISTEN AND REPEAT

Estude alguns formas de preparar batatas:

French fries [batatas fritas]
Jacket potato/ baked potato [batata assada em alumínio]
Potato sticks [batata palha]
Purée/ mashed potatoes [pure de batatas]
Roast potato [batata ao forno]

GRILLED STEAK

LISTEN AND REPEAT

Estude os pontos da carne:

rare [malpassada]
medium rare [do ponto para menos]
medium [ao ponto]
medium well [do ponto para mais]
well done [bem passada]

FOOD PREPARATION

LISTEN AND REPEAT

Aprenda agora os principais modos de preparo:

baked [assado]
breaded [à milanesa]
charbroiled [no carvão]
fried [frito]
grilled [grelhado]
in foil [em papel alumínio]
marinated [marinado]
on a skewer/ on a spit [no espeto]
roast [assado]
sauteed [levemente frito, refogado]

smoked [defumado]
steamed [no vapor]
stew [picadinho/ cozido]
stuffed [recheado]

SALAD DRESSINGS, SPICES AND HERBS

LISTEN AND REPEAT

Aprenda os temperos e ervas mais comuns

EXERCISE

Match the pictures to the names

Ligue as figuras aos seus nomes utilizando os números que estão nos quadros. Tente fazer isso sem olhar as traduções.

[ ] balsamic vinegar [vinagre balsâmico]
[ ] basil [manjericão]
[ ] bay leaves [louro]
[ ] cinnamon [canela]
[ ] clove [cravo]
[ ] ginger [gengibre]
[ ] lemon [limão de casca amarela]
[ ] mustard [mostarda]
[ ] nutmeg [noz-moscada]
[ ] olive oil [azeite]
[ ] rosemary [alecrim]
[ ] sesame seeds [gergelim]

Há outros:

salt [sal]

coriander/ cilantro [coentro]

dill [endro]

saffron [açafrão]

tarragon [estragão]

GLOSSARY 2

FUNCTION	ENGLISH	SIT	PORTUGUESE	PROFESSIONAL TIPS
Chamar cliente que espera no bar	**Ms. Green/ Mr. Smith.**	1	Sra./ Srta. Green/ Sr. Smith.	Utilize o sobrenome do cliente sempre que souber.
Perguntar se quer bebida	**Would you like another drink?**	1	Gostaria de outra bebida?	Use "another drink" se o cliente tiver consumido uma bebida anteriormente.
Pedir licença ao se aproximar e ao sair	**Excuse me.**	1	Com licença.	Para se aproximar e para se afastar da mesa, você pode utilizar esta expressão.
Entregar algo	**Here's your X./ (Here are) Your Xs./ Here is the X. Here you are.**	1/2	Aqui está sua X./ (Aqui estão) Suas Xs./ Aqui está a X./ Aqui está./ Aqui estão.	Observe singular e plural, e ajuste a frase conforme sua necessidade. Com "Here you are" você pode entregar qualquer item na mesa.
Apresentar-se	**My name is John./ Mary. I'll be your waiter/ waitress today/ tonight.**	2	Meu nome é XXX. Atenderei sua mesa hoje/ esta noite.	Apresentar-se faz parte do procedimento de alguns restaurantes.
Oferecer a carta de vinhos	**Would you like to see the wine list?**	2	Gostaria de ver a carta de vinhos?	Você pode oferecer a carta de vinhos no início do pedido ou depois, conforme os procedimentos do local onde trabalha.
Informar que vai chamar ajuda	**I'll call the sommelier/ headwaiter.**	2	Vou chamar o sommelier/ o maître.	
Oferecer uma sugestão	**Would you like a suggestion?**	2	Gostaria de uma sugestão?	Alguns restaurantes preferem aguardar que o cliente peça uma sugestão em vez de oferecer.

FUNCTION	ENGLISH	SIT	PORTUGUESE	PROFESSIONAL TIPS
Oferecer opções	**Would you like meat, fish, poultry, seafood, pasta...?**	2	Gostaria de carne, peixe, aves, frutos do mar, massa...?	Antes de sugerir um prato específico, verifique o tipo de prato que o cliente deseja. Muitas vezes, você não precisará chegar ao final dessa frase.
Perguntar preferência	**Do you prefer lean or fat meat?**	2	Prefere carne magra ou com gordura?	
Recomendar um prato	**We have a nice spaghetti bolognese.**	2	Temos um bom espaguete à bolonhesa.	Você diz "We don't have it today." e não "I don't have it today."? porque está falando em nome do restaurante (usa "nós" e não "eu").
Oferecer uma entrada	**Would you like an appetizer/ a starter?**	2	Gostaria de uma entrada?	Utilize a nomencaltura que está no cardápio do restaurante em que trabalha.
Verificar se pode tirar o pedido	**May I take your order (now)?/ Are you ready to order?**	3	Posso tirar o pedido (agora) ?/ Está pronto para pedir?	
Verificar se precisa de mais alguma coisa	**(Would you like) anything else?**	3	(Gostaria de) algo mais?	É recomendável verificar se o cliente precisa de mais alguma coisa.
Desejar bom apetite	**Enjoy your meal.**	3	Bom apetite. (para qualquer refeição)	
Verificar se está tudo bem	**Is everything all right?**	3	Está tudo bem?	Periodicamente é recomendável verificar se o cliente precisa de algo.
Verificar o tipo de água pedido	**Sparkling or still?/ Carbonated or plain?**	3	Com ou sem gás?	
Informar que não tem aquele prato hoje	**We don't have it today./ tonight.**	4	Não temos isso hoje/ esta noite.	
Oferecer algo no lugar do que havia sido pedido	**Would you like tenderloin instead (of rumpsteak) ?**	4	Gostaria de filé-mignon no lugar (de picanha)?	Na falta de um prato, sugira outro parecido, sempre que possível.
Descrever acompanhamentos do prato	**Red wine sauce and mashed potatoes.**	4	Molho de vinho tinto e purê de batatas.	
Perguntar o ponto da carne	**How would you like your meat/ steak?**	4	Qual o ponto da carne?	

FUNCTION	ENGLISH	SIT	PORTUGUESE	PROFESSIONAL TIPS
Informar sobre um prato	**We have grilled chicken./ We don't have shrimps (in our menu)./ We don't serve seafood.**	5	Temos frango grelhado./ Não temos camarões (em nosso cardápio)./ Não servimos frutos do mar.	
Oferecer uma sugestão	**How about the grilled chicken?**	5	Que tal o frango grelhado?	Você pode utilizar "How about" para dar sugestões de comida e bebida.
Informar que vai verificar.	**I'll check it for you.**	5	Vou checar para o(a) senhor(a).	Evite dar informações sobre as quais não tem certeza. É melhor verificar, se for necessário.
Informar sobre uma possibilidade	**It's/ That's (not) possible.**	5	(Não) É possível.	
Informar sobre o tempero	**It's mild./ a little spicy./ very spicy**	6	É suave./ um pouco forte./ muito forte.	
Informar quantas pessoas serve o prato	**It serves one person./ two people./ This dish serves one person./ two people./**	6	Este prato serve uma pessoa./ duas pessoas.	

BONUS 2

O quebra-cabeça a seguir demonstra que uma conversa pode tomar vários rumos. No atendimento ao cliente, a primeira coisa a se fazer é ouvir com atenção o que ele tem a dizer e, observando todo o contexto envolvido no momento da conversa, responder de forma adequada a dar prosseguimento ao atendimento.

Como montar:

1. A parte do cliente está feita, pois é justamente baseado na fala do cliente que o garçom deve dar seu próximo passo na comunicação.
2. Os quadros coloridos são espaços para as frases do garçom.
3. Cada uma das sequências verticais é uma possibilidade de condução do diálogo.
4. Quando os caminhos se abrem significa que há mais de uma opção de continuação.
5. Quando os caminhos se juntam significa que várias opções têm uma só continuação.
6. Às vezes, há uma flecha que indica que é possível continuar por outro ponto do quebra-cabeça.

7. Utilize as frases listadas abaixo como opções para montar o quebra-cabeça. Elas poderão ser usadas mais de uma vez, se necessário.

Boa sorte!

- » Certainly, ma'am. Enjoy your meal.
- » Excuse me, ma'am. Is everything all right?
- » Excuse, ma'am.
- » Here is the menu.
- » Here you are.
- » Here's your drink.
- » How would you like your meat?
- » I'll call the sommelier.
- » I'll check it for you... Sorry, that's not possible.
- » I'll check it for you... Yes, ma'am, it's possible.
- » It's mild.
- » It's penne in tomato sauce with pancetta.
- » It's spicy.
- » It's very spicy.
- » Just a moment, please
- » May I take your order now?
- » Ms. X. Your table is set.
- » String beans and carrots.
- » We don't have it today.
- » We have a nice tenderloin.
- » Would you like an appetizer?
- » Would you like another drink?
- » Would you like anything else?
- » Would you like meat, fish, poultry, seafood, pasta...?
- » Would you like salmon instead?
- » Would you like to see the wine list?

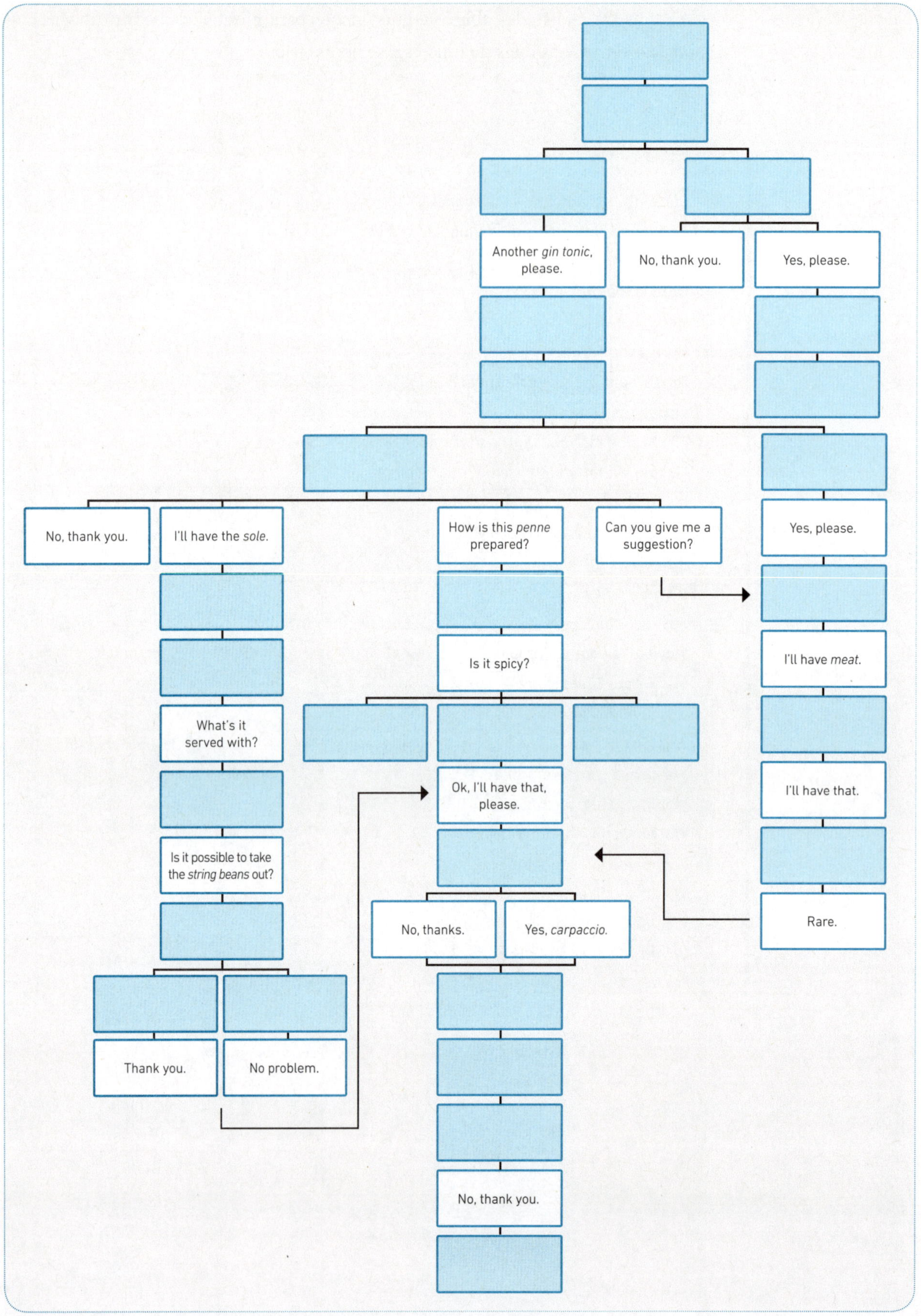
Another gin tonic, please.
No, thank you.
Yes, please.
No, thank you.
I'll have the sole.
How is this penne prepared?
Can you give me a suggestion?
Yes, please.
I'll have meat.
What's it served with?
Is it spicy?
Ok, I'll have that, please.
I'll have that.
Is it possible to take the string beans out?
No, thanks.
Yes, carpaccio.
Rare.
Thank you.
No problem.
No, thank you.

QUIZ 2

DESAFIO

Faça o teste abaixo. Se você acertar pelo menos oito das dez questões, siga para o capítulo 3. Se acertar menos que isso, por que não faz a revisão da página anterior novamente?

EXERCISE I

Listen to the customer's requests and mark the correct answer:

1.

a. Would you like to see the wine list?
b. Would you like a suggestion?
c. We have a nice rump steak.
d. Would you like anything else?
e. Would you like meat, poultry, fish, seafood, pasta...?

2.

a. Medium rare.
b. Carrots and peas.
c. We have tenderloin and sirloin.
d. Grilled salmon in white sauce.
e. Balsamic vinegar and mustard.

3.

a. I'm sorry. We don't have it tonight. Would you like onion soup instead?
b. We have a nice onion soup.
c. I'm sorry. We don't have it tonight. Would you like vegetable soup instead?
d. I'm sorry. We don't have it tonight. Would you like carpaccio instead?
e. I'm sorry. Anything else?

4.

a. Yes, ma'am. We have a nice lasagna bolognaise.
b. Yes, ma'am. We have shrimp risotto.
c. Yes, ma'am. Would you like fish, poultry, meat?
d. I'm sorry, ma'am. It's a little spicy.
e. Yes, ma'am. Would you like some veal instead?

5.

a. Yes, I'll check it for you.
b. No, it's very spicy, ma'am.
c. No, it's mild, ma'am.
d. No, would you like a suggestion?
e. Is everything all right, ma'am?

6.

a. Yes, ma'am. That's not possible.
b. Red pepper is very spicy, ma'am.
c. Would you like red pepper instead?
d. I'm sorry, that's not possible, ma'am.
e. May I help you?

EXERCISE II

Listen to the customer's request and put the number next to the corresponding picture. Two pictures will be left out on purpose:

A

(   )

B

(   )

C

(   )

D

(   )

E

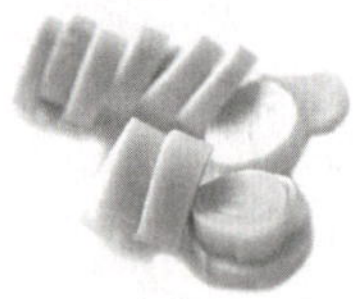

(   )

F

(   )

Seus acertos:

CHAPTER 2 – ANSWERS

SITUATION 1

COMPREHENSION

1.	(V)	Mr. Smith
2.	(V)	All right
3.	(F)	Yes, another beer.
4.	(F)	Have a seat. Here's the menu.

EXERCISES

I.

1. Quando o cliente chega ao restaurante: 7, 2, 6, 10, 9, 8, 3, 4, 1, 5
2. Quando o cliente é levado do bar à mesa: 7, 6, 1, 3, 4, 5, 9, 8, 2

II. 1.c, 2.e, 3.b, 4.d

THINK ABOUT

Resposta pessoal

ANSWERS

SITUATION 2

COMPREHENSION

1.	(F)	No, thank you. I'll have orange juice.
2.	(V)	Can you give a suggestion?
3.	(F)	I'll have pasta.
4.	(F)	Ok, I'll have that.
5.	(V)	Would you like an appetizer?
6.	(F)	No, thanks.

EXERCISES

I. 1.c, 2.b, 3.a, 4.c

II. 1.a, 2.b, 3.c, 4.a

III. Resposta pessoal.

THINK ABOUT

Resposta pessoal

SITUATION 3

COMPREHENSION

1.	(V)	May I take your order?
2.	(F)	I'll have the veal.
3.	(F)	Yes, carpaccio.
4.	(V)	Here you are
5.	(V)	Waiter, please.
6.	(F)	Can I have some more mineral water, please?

EXERCISES

I. e / g / j / f / a / k / b / i / l / d / c

II. Resposta pessoal.

THINK ABOUT

Resposta pessoal

ANSWERS

SITUATION 4

COMPREHENSION

1.	(V)	We'll have the sirloin.
2.	(F)	We don't have it today.
3.	(V)	Would you like tenderloin instead?
4.	(V)	Can I have French fries instead of mashed potatoes?
5.	(F)	Certainly.
6.	(V)	How would you like your meat?

EXERCISES

I. d, c, a, e, f, b

II. b, a, f, c, g, e, d

III. Resposta pessoal.

THINK ABOUT

Resposta pessoal

SITUATION 5

COMPREHENSION

1.	(F)	Do you have anything with chicken?
2.	(V)	We have grilled chicken.
3.	(F)	Funghi Risotto and baby corn.
4.	(V)	Yes, sir.
5.	(V)	Would you like white rice instead?
6.	(F)	Yes, thanks.

EXERCISES

I.

3	4	7
1	5	1
2	4	6
3	5	3
7	1	2
5	4	6

II. Resposta pessoal.

THINK ABOUT

Resposta pessoal

ANSWERS

SITUATION 6

COMPREHENSION

1.	(F)	How is this penne prepared?
2.	(V)	It's penne in tomato sauce with pancetta
3.	(F)	Is it spicy?
4.	(F)	It's mild
5.	(F)	Ok, I'll have that.

EXERCISES

I. 10, 4, 5, 1, 8, 7, 6, 9, 3, 2

II. Resposta pessoal.

VOCABULARY

Food Categories and Examples

Meat [carnes]	Poultry [aves]	Fish [peixes]
beef lamb pork rabbit veal	chicken duck partridge pheasant quail turkey	codfish grouper salmon snook sole tuna
Seafood [frutos do mar]	**Pasta [massas] / Risottos [risotos]**	**Soup [sopas]**
clam crab lobster shrimp	lasagna ravioli spaghetti risotto	onion soup vegetable soup chicken soup
Salads [saladas]	**Sauces [molhos para massas]**	**Appetizers [entradas]**
Caesar salad green salad mixed salad	bolognaise red sauce white sauce	carpaccio cheese turnovers meat turnovers terrine

Meat and Chicken Dishes: C, M, C, C, M, M, C, C, M, C

Vegetables I: 2, 1, 4, 12, 20, 7, 3, 11, 5, 8, 14, 15, 9, 18, 16, 19, 10, 13, 6, 17

Salad Dressings, Spices and Herbs: 4, 11, 10, 6, 7, 8, 2, 3, 12, 1, 5, 9

ANSWERS

BONUS 2

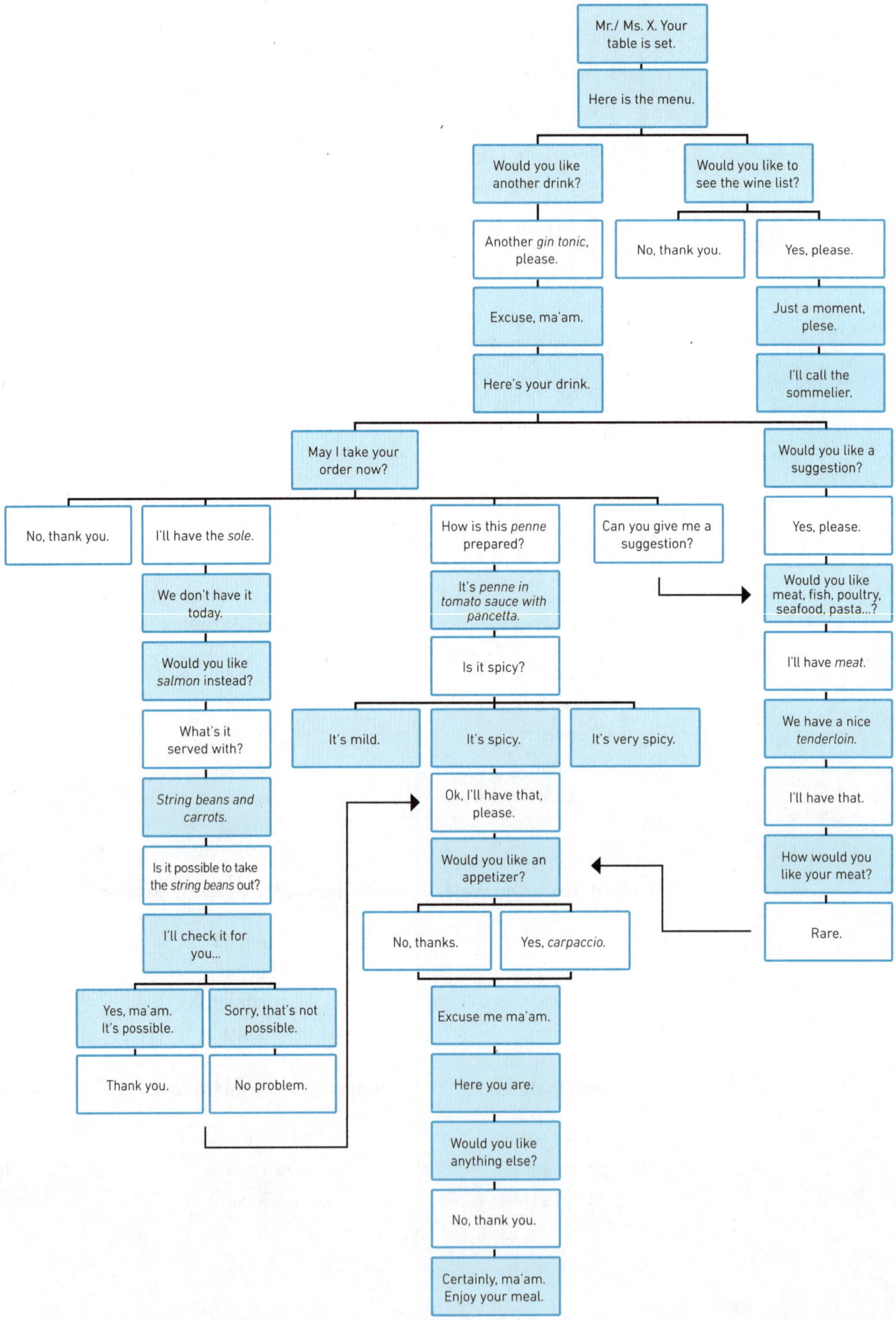

ANSWERS

QUIZ 2

TAPESCRIPT	RESPOSTA	DICA DA PROFESSORA
EXERCISE I		
1. Please, I'd like a suggestion.	e	Antes de fazer uma sugestão, veja que tipo de prato o cliente deseja.
2. What vegetables come with the salmon?	b	Só estes são "vegetables".
3. I'll have vegetable soup.	a	Cuidado para não oferecer algo que você acabou de dizer que não tem.
4. Do you have anything with shrimps?	b	Aqui só cabem respostas que oferecem pratos com aquilo que o cliente tem vontade de comer.
5. Is the smoked turkey very spicy?	c	Cuidado ao dizer *yes* ou *no*.
6. I don't like red pepper. Is it possible to take it out?	d	Não se esqueça de se desculpar.
EXERCISE II		
1. Can I have some more **arugula**?	f	
2. I'd like a **heart of palm** salad, please.	e	
3. Does it come with **onion**?	c	
4. Is it served with **mushrooms**?	a	

CHAPTER 3

OTHER SERVICE OPTIONS

No capítulo 3 são apresentados outros serviços incluídos nas rotinas que envolvem um restaurante ou bar, como por exemplo um serviço de bufê, rodízio ou até menus especiais. Veja a seguir o que você vai aprender neste capítulo.

AQUECENDO

Antes de começar a aprender coisas novas, observe a ilustração e pense um pouco sobre as seguintes questões:

Esta situação acontece em minha rotina de trabalho?

Consigo pensar em uma forma adequada de resolver isso em português?

Eu sei me comunicar nesta situação em inglês? O que eu posso ou devo dizer?

LISTEN AND READ

SITUATION 1

Presenting the buffet service

WAITER: Good afternoon. Would you like a drink?

CUSTOMER: Yes, please, *two Cokes*. What's in the buffet today?

WAITER: Our buffet includes *salads, hot dishes and desserts*. Beverages are not included.

STUDY
Vocabulary, chapter 2, page 90.

CUSTOMER: Yes, we'll have the buffet.

WAITER: Yes, sir... Excuse me. Your drinks. Enjoy your meal.

COMPREHENSION

Observe a situação 1 e responda verdadeiro (V) ou falso (F). No quadro abaixo, escreva a(s) palavra(s) que justifica(m) sua resposta. Observe o exemplo.

	VERDADEIRO OU FALSO?		JUSTIFIQUE
1.	O garçom explica como funciona o bufê.	(V)	Our buffet includes salads, hot dishes and desserts.
2.	O bufê inclui saladas, pratos quentes e sobremesas.	( )	
3.	As bebidas estão incluídas.	( )	
4.	Os clientes decidem pelo bufê.	( )	
5.	Provavelmente, há duas pessoas à mesa.	( )	

VARIATIONS

O diálogo da situação 1 poderia ser diferente. Veja algumas das possíveis variações:

I. O cliente pode perguntar:
What's in the buffet?
What's in the buffet today?
What's in the buffet tonight?
What's in the buffet tomorrow? (amanhã)
What's in the buffet on Fridays? (na sexta-feira)

II. Você pode começar a descrição do bufê de algumas formas:
Our buffet includes...
Today we have...
Tonight we have...

III. Considere tudo que pode ser incluído em um serviço de bufê:

a selection of cheese	a salad bar
a selection of cold cuts	a sushi bar
appetizers	(a selection of) hot dishes
the soup of the day	Japanese food
salads	desserts

IV. O cliente pode pedir que você detalhe os pratos que são servidos. Nesse caso ele pergunta:
What kind of hot dishes? (Que tipo de pratos quentes?)

Você poderá responder, por exemplo:
Tonight we have red meat, fish, chicken, pasta, risotto... (indicando os tipos de prato)
Today we have grilled tenderloin, marinated salmon... (indicando os pratos especificamente)

V. Alguns restaurantes oferecem uma estação onde são preparados os pratos sob demanda e esse serviço também está incluído. Às vezes, é dado um nome a esse balcão como *show kitchen*, *display kitchen*, *food station* ou *demo cooking*. Veja o que você pode dizer nesse caso:
The food prepared in the **food station** is included.
The food prepared in that counter is included.
The food being prepared over there is included.

VI. Alguns restaurantes combinam um bufê de saladas com um prato principal do cardápio. Nessa situação, você diz:
We have a salad bar and you can choose a main course from the menu.

VII. Para o que não estiver incluído, diga:
Coffee **is not included**. (para singular)
Beverages **are not included**. (para plural)

VIII. Alguns clientes podem perguntar sobre o preço do serviço, e dirão:
How much is the buffet?
Você pode responder, por exemplo:
It's R$ 80,00 per person. (*eighty reais*)

LISTEN AND REPEAT

Agora que você já sabe como pode variar a situação 1, repita algumas das possíveis combinações do que aprendeu:

Our buffet includes salads, hot dishes and desserts.
Today we have a salad bar, a sushi bar and a selection of hot dishes.
Tonight we have a selection of cold cuts, the soup of the day and hot dishes.
Our buffet includes red meat, fish, chicken, pasta, risotto.
Today we have grilled tenderloin, marinated salmon and roast chicken.

The food prepared in the food station is included.
The food prepared in that counter is included.
The food being prepared over there is included.
We have a salad bar and you can choose a main course from the menu.
Coffee is not included.
Beverages are not included.
It's R$ 80,00 per person.

EXERCISES

I. **Select the items**

Marque os itens incluídos no bufê do local onde você trabalha. Adicione mais algum item, se for necessário. Depois faça uma frase apresentando o bufê com os itens que considera importantes. Se no restaurante onde você trabalha houver uma estação que prepara pratos em frente aos clientes, adicione a frase.

( ) the soup of the day	( ) Japanese food
( ) salads	( ) desserts
( ) appetizers	( ) a sushi bar
( ) a salad bar	( ) a selection of cheese
( ) hot dishes	( ) a selection of cold cuts
( ) ____________________	( ) ____________________
( ) ____________________	( ) ____________________

Our buffet includes

____

____

The food

____

____

II. **Complete the dialogue**

Esta situação inclui desde a recepção do cliente até a apresentação do bufê. Use cada uma das frases a seguir apenas uma vez para completar o diálogo. Você pode escrever ou utilizar as letras correspondentes. Cuidado: uma frase não será utilizada.

SENTENCE BANK	
a. Ms. Schmidt. Your table is set. This way, please.	d. Have a seat, please. Would you like a drink?
b. Our buffet includes the soup of the day, a salad bar and a selection of hot dishes and desserts. Beverages are not included.	e. Do you have a reservation?
	f. Just a moment, ma'am. I'll set a table for you. Please wait at the bar over there.
c. Good afternoon, ma'am. May I help you?	g. Your name, ma'am?
	h. Certainly, ma'am. Excuse me.

Waiter: ______________________________

____

Customer: Yes, please. Can we have a table for two?

Waiter: ______________________________

____

____

Customer: Yes. Thank you.

Waiter: ______________________________

Customer: Schmidt.

Waiter: Yes, Ms. Schmidt...

____

____

____

Customer: Good, thank you.

Waiter: ______________________________

____

Customer: Orange juice for me and a Coke for him. What is in the buffet today?

Waiter: ______________________________

____

____

Customer: All right, we will have the buffet.

Waiter: ______________________________

THINK ABOUT

Você aprendeu muitas coisas no capítulo 2 que servem também para a descrição do bufê. Vá ao glossário do capítulo 2, faça uma pesquisa e liste essas frases aqui:

____

____

____

____

____

____

____

____

AQUECENDO

Antes de começar a aprender coisas novas, observe a ilustração e pense um pouco sobre as seguintes questões:

Esta situação acontece em minha rotina de trabalho?

Consigo pensar em uma forma adequada de resolver isso em português?

Eu sei me comunicar nesta situação em inglês? O que eu posso ou devo dizer?

LISTEN AND READ

SITUATION 2

Explaining the buffet

STUDY *Time 1 and Days of the week*, page 143.

STUDY *Feijoada contents and Vegetables II*, pages 139 and 140.

CUSTOMER: Waiter, what's in the buffet today?

WAITER: On Wednesdays we have *feijoada*, sir.

CUSTOMER: What kind of food is that?

WAITER: *Black beans and pork, sir. (It's) served with rice, collard greens and orange slices.*

CUSTOMER: All right, we'll try that.

WAITER: The buffet is over there. Please help yourselves.

CUSTOMER: Thank you.

WAITER: You are welcome.

COMPREHENSION

Observe a situação 2 e responda verdadeiro (V) ou falso (F). No quadro abaixo, escreva a(s) palavra(s) que justifica(m) sua resposta. Observe o exemplo.

	VERDADEIRO OU FALSO?		JUSTIFIQUE
1.	O bufê de hoje serve feijoada.	(V)	Today we have feijoada
2.	O cliente conhece a feijoada.	( )	
3.	O garçom explica o que é a feijoada.	( )	
4.	O cliente não quer comer feijoada.	( )	
5.	O garçom indica onde está o bufê e pede que os clientes se sirvam.	( )	

VARIATIONS

O diálogo da situação 2 poderia ser diferente. Veja algumas das possíveis variações:

I. Alguns restaurantes oferecem aos clientes bufês temáticos. Eles podem funcionar, por exemplo, servindo pratos de origens diferentes a cada dia. Observe:

Today we have feijoada.
Today we have Brazilian food.
Today we have French food.
Today we have Italian food.
Today we have seafood.
Today we have brunch.

II. Ao informar sobre o bufê, você também pode dizer os dias da semana, em vez de dizer *today*. Veja:

On Wednesdays and Saturdays we have feijoada.
On Mondays we have Brazilian food.
On Tuesdays we have French food.
On Thursdays we have Italian food.
On Fridays we have seafood.
On Sundays we have brunch.

III. Para perguntar sobre um prato, nesse caso a feijoada, o cliente pode dizer:
What kind of food is feijoada? (Que tipo de prato...?)
What is fejoada made of? (Do que é feito(a)...?)
How is feijoada prepared? (Como é preparado(a)...?)
What is feijoada? (O que é...?)

IV. O restaurante pode oferecer um agrado ou cortesia ao cliente, como por exemplo:
We offer you a caipirinha, a typical Brazilian drink made with cachaça.
The caipirinha is complimentary.
The caipirinha is on the house.

Ou você pode dizer ao entregar qualquer item como cortesia:
This is a compliment.

V. Para convidar os clientes a se servirem no bufê, você diz:
Please help yourself. (para uma pessoa)
Please help yourselves. (para mais de uma pessoa)

VI. Quando o cliente agradecer, ele pode dizer, por exemplo:
Thank you.
Thank you very much.
Thank you very much indeed.
Thanks.

Você pode responder:
You are welcome.
It's a pleasure.
Don't mention it.
Not at all.

LISTEN AND REPEAT

Agora que você já sabe como pode variar a situação 2, repita as frases que aprendeu:

Today we have feijoada.
Today we have Brazilian food.
Today we have French food.
Today we have Italian food.

Today we have seafood.
Today we have brunch.
On Mondays we have Brazilian food.
On Tuesdays we have French food.
On Wednesdays and Saturdays we have feijoada.
On Thursdays we have Italian food.
On Fridays we have seafood.
On Sundays we have brunch.
Black beans and pork, sir. It's served with rice, collard greens and orange slices.
We offer you a caipirinha, a typical Brazilian drink made with cachaça.
The caipirinha is complimentary.
The caipirinha is on the house.
This is a compliment.
The buffet is over there. Please help yourself.
The buffet is over there. Please help yourselves.
You are welcome.
It's a pleasure.
Don't mention it.
Not at all.

EXERCISES

I. **Order the dialogue**

Ordene as falas para apresentar o bufê em um dia de feijoada.

( )	Beverages are not included.
( )	Enjoy your meal.
( )	It's served with rice, collard greens and orange slices.
( )	Our buffet includes salads, hot dishes and desserts.
( )	Please, help yourselves.
( )	The buffet is over there.
( )	Today we have feijoada, made of black beans and pork.

II. **Mark the correct answer**

Leia a frase do cliente e marque (×) o que você deve responder

1. CUSTOMER: Waiter, what is in the buffet on Wednesdays?

Waiter: ( )	a.	On Wednesdays we have feijoada.
Waiter: ( )	b.	On Wednesdays we have desserts.
Waiter: ( )	c.	On Wednesdays we have bread.

2. CUSTOMER: What kind of food is feijoada?

Waiter: ( )	a.	It's pork, served with pasta, collard greens and orange slices.
Waiter: ( )	b.	It's black beans and chicken, served with rice, collard greens and orange slices.
Waiter: ( )	c.	It's black beans and pork, served with rice, collard greens and orange slices.

3. CUSTOMER: Is feijoada very spicy?

Waiter: ( )	a.	Yes, sir. It's very spicy.
Waiter: ( )	b.	Yes, sir. It's a little spicy.
Waiter: ( )	c.	No, sir. It's mild.

4. CUSTOMER: What kind of hot dishes do you serve?

Waiter: ( )	a.	Our buffet includes salads, hot dishes and coffee.
Waiter: ( )	b.	Tonight we have marinated sirloin, salmon risotto, spaghetti in white sauce and grilled sole.
Waiter: ( )	c.	The soup of the day.

THINK ABOUT

Se houver um bufê temático em seu local de trabalho, como você pode explicá-lo dia a dia? Experimente, escrevendo aqui. Observe um exemplo:

On Mondays we have Brazilian food.

____

____

____

____

____

____

AQUECENDO

Antes de começar a aprender coisas novas, observe a ilustração e pense um pouco sobre as seguintes questões:

Esta situação acontece em minha rotina de trabalho?

Consigo pensar em uma forma adequada de resolver isso em português?

Eu sei me comunicar nesta situação em inglês? O que eu posso ou devo dizer?

LISTEN AND READ

SITUATION 3

Steakhouse service

WAITER: Good afternoon, sir. Is it your first time here?

CUSTOMER: Yes.

WAITER: We have a salad bar. You can help yourself anytime.
We have beef, pork, lamb, chicken and side dishes served at the table.
For the meat service, turn this chip green.
To stop the meat service, turn it red.

STUDY *Barbecue cuts,* page 142.

CUSTOMER: What are the side dishes?

WAITER: We have *French fries, fried banana, fried polenta, white rice, onion rings and farofa.*

STUDY *Side dishes,* page 142.

COMPREHENSION

Observe a situação 3 e responda verdadeiro (V) ou falso (F). No quadro abaixo, escreva a(s) palavra(s) que justifica(m) sua resposta. Observe o exemplo.

	VERDADEIRO OU FALSO?		JUSTIFIQUE
1.	O garçom pergunta se o cliente está lá pela primeira vez.	(V)	Is it your first time here?
2.	O cliente conhece o sistema da churrascaria.	( )	
3.	O garçom diz que o cliente pode se servir de salada apenas uma vez.	( )	
4.	O garçom explica que as carnes são servidas na mesa.	( )	
5.	O garçom diz que, se o cliente quiser carne, ele deve mostrar o lado verde da ficha.	( )	
6.	Os acompanhamentos não são servidos na mesa.	( )	

VARIATIONS

O diálogo da situação 3 poderia ser diferente. Veja algumas das possíveis variações:

I. Se for a primeira vez que o cliente vem ao restaurante, ele pode não conhecer o sistema e precisará de explicação. Você pode perguntar como na situação 3:
Is it your first time here?
Do you know the service here? (O(A) senhor(a)/ você conhece o serviço aqui?)

II. O cliente pode ir ao bufê de saladas a qualquer hora e quantas vezes quiser. Você pode dizer uma das frases abaixo:
You can help yourself anytime.
This is an all-you-can-eat buffet.

ATENÇÃO

A expressão *all-you-can-eat* é mais informal

III. Geralmente, as churrascarias têm um cartão ou ficha para que o cliente controle o fluxo de carnes servidas sem ter de explicar ao garçom o tempo todo.
Se no restaurante em que você trabalha usa-se a ficha, diga:
For the meat service, turn this chip green.
To stop the meat service, turn it red.

Para o uso do cartão e para reforçar que o cliente pode fazer isso quantas vezes quiser, diga:
For the meat service, turn this **card** green.
To stop the meat service, turn it red **anytime**.

IV. Alguns clientes gostam de trocar o prato durante a refeição. Nesse caso, ele poderá dizer algo como:
Can you change my plate?
Could you bring me a clean plate?
Can I have a clean plate?

Caso você queira oferecer para trocar, você pode dizer:
Would you like another plate?
May I change your plate?
Can I change your plate?

V. Durante a refeição é possível que o cliente queira um corte específico ou uma carne especial. Se ele não pedir, e você quiser oferecer, pode dizer, por exemplo:
Can I bring you something special?
Would you like something special?

LISTEN AND REPEAT

Agora que você já sabe como pode variar a situação 3, repita as frases que aprendeu:

Is it your first time here?
Do you know the service here?
You can help yourself anytime.
This is an all-you-can-eat buffet.
For the meat service, turn this chip green. To stop the meat service, turn it red anytime.
For the meat service, turn this card green. To stop the meat service, turn it red.
Would you like another plate?
May I change your plate?
Can I change your plate?
Can I bring you something special?
Would you like something special?
We have French fries, fried banana, fried polenta, white rice, onion rings and farofa (as side dishes).

EXERCISES

I. **Order**

Ordene as palavras para formar as frases. Observe o exemplo:

1. not / beverages / included / are / .
   Beverages are not included.
2. orange slices / and / rice / pork / black beans / served with / collard greens / and / .
3. 80,00 / It's / reais / .
4. I / your / change / may / plate / ?
5. we / on Sundays / brunch / have / .
6. salads / includes / desserts / and / our buffet / hot dishes / .
7. yourself / help / please / .
8. there / is / over / the / buffet / .
9. onion rings / fries / and / We have / fried polenta / fried banana / white rice / farofa / .
10. special / like / you / would / something / ?

II. **Match**

Ligue as frases do exercício I às respectivas funções listadas aqui. Observe o exemplo.

( )	Informar o que está incluído no bufê.
(1)	Informar o que não está incluído no bufê.
( )	Informar o preço do bufê.
( )	Informar o bufê do dia.
( )	Descrever a feijoada.
( )	Indicar onde está o bufê.
( )	Convidar o cliente a servir-se.
( )	Informar o cliente sobre os acompanhamentos para o churrasco.
( )	Oferecer-se para trocar o prato do cliente.
( )	Perguntar ao cliente se ele quer uma carne específica.

THINK ABOUT

Algumas das frases do exercício I têm mais de uma possibilidade de ordem. Veja a frase 7:

"**Please help yourself.**" também pode ser dito: "**Help yourself, please.**"

Escreva e comente as possibilidades para as frases 2, 6 e 9.

____

____

____

____

____

____

____

____

AQUECENDO

Antes de começar a aprender coisas novas, observe a ilustração e pense um pouco sobre as seguintes questões:

Esta situação acontece em minha rotina de trabalho?

Consigo pensar em uma forma adequada de resolver isso em português?

Eu sei me comunicar nesta situação em inglês? O que eu posso ou devo dizer?

LISTEN AND READ

SITUATION 4

Clearing the buffet

WAITER: Excuse me, Mr. Jackson, would you like anything else from the buffet? We'll clear it in *10* minutes.

CUSTOMER: Yes, thank you.

WAITER: If you need anything else, please call me.

COMPREHENSION

Observe a situação 4 e responda verdadeiro (V) ou falso (F). No quadro abaixo, escreva a(s) palavra(s) que justifica(m) sua resposta. Observe o exemplo.

	VERDADEIRO OU FALSO?		JUSTIFIQUE
1.	O garçom aproxima-se das mesas para informar algo.	(V)	Excuse me
2.	Ele informa que o bufê será retirado.	( )	
3.	O bufê será recolhido daqui a 30 minutos.	( )	
4.	Depois que o bufê for retirado, os clientes poderão pedir o que precisarem ao garçom.	( )	

VARIATIONS

O diálogo da situação 4 poderia ser diferente. Veja algumas das possíveis variações:

I. Frequentemente, os restaurantes que funcionam com sistema de bufê informam seus clientes um pouco antes de recolhê-lo. Se você quiser informar os minutos exatos, pode dizer:
We'll clear it in 10 minutes.
We'll clear it in 20 minutes.
We'll clear it in 30 minutes.

Se preferir ser mais genérico, você pode utilizar:
We'll clear it in a few minutes.

II. Se você utilizar a primeira frase "Would you like anything else from the buffet?", na segunda frase, você vai dizer "Well clear **it**..." para não repetir a palavra *buffet*. Mas, você também pode se aproximar da mesa e dizer:
Excuse me. We'll clear the buffet in 10 minutes.

III. Às vezes, esse também é o momento de saída de alguns garçons. Se você está atendendo aquelas pessoas e vai continuar trabalhando, utilize a frase apresentada na situação. Caso esteja de saída ou não esteja atendendo aquelas pessoas, pode usar:
If you need anything else, please call the waiter.

LISTEN AND REPEAT

Agora que você já sabe como pode variar a situação 4, repita as frases que aprendeu:

Would you like anything else from the buffet?
We'll clear it in 10 minutes.
We'll clear it in 20 minutes.
We'll clear it in 30 minutes.
We'll clear it in a few minutes.
Excuse me. We'll clear the buffet in 10 minutes.
If you need anything else, please call me.
If you need anything else, please call the waiter.

EXERCISES

I. **Order**

Coloque em ordem as frases que você deve dizer ao apresentar o bufê do restaurante em que trabalha. Se houver alguma frase que você não utiliza, deixe-a sem numeração.

( )	Perguntar se é a primeira vez que o cliente vem ao restaurante.
( )	Passar na mesa para verificar se o cliente precisa de alguma coisa
( )	Passar na mesa para informar que o bufê será recolhido.
( )	Oferecer a bebida.
( )	Mostrar o bufê.
( )	Informar o que não está incluído no bufê.
( )	Informar o que está incluído no bufê.
( )	Informar o preço do bufê.
( )	Cumprimentar o cliente.
( )	Convidar o cliente a servir-se.
( )	Apresentar-se como o garçom da mesa.

II. **Write**

Escreva em inglês e na ordem as frases que decidiu utilizar da lista do exercício I.

____

____

____

____

____

____

____

____

THINK ABOUT

Lembre-se de usar o nome do cliente sempre que possível. Escreva os nomes que se lembra de ter usado recentemente. Veja o exemplo:

Mr. Thompson; ____________________;

____________________; ____________________;

____________________; ____________________.

AQUECENDO

Antes de começar a aprender coisas novas, observe a ilustração e pense um pouco sobre as seguintes questões:

Esta situação acontece em minha rotina de trabalho?

Consigo pensar em uma forma adequada de resolver isso em português?

Eu sei me comunicar nesta situação em inglês? O que eu posso ou devo dizer?

LISTEN AND READ

SITUATION 5

Special menu options

WAITER: Good afternoon, sir. Would you like a drink?

CUSTOMER: Just *still water*, please.

WAITER: Certainly, sir. This is our chef's menu. It includes *the appetizer, main course and dessert*.

CUSTOMER: All right. We'll have the chef's menu.

WAITER: Certainly, sir. Excuse me.

COMPREHENSION

Observe a situação 5 e responda verdadeiro (V) ou falso (F). No quadro abaixo, escreva a(s) palavra(s) que justifica(m) sua resposta. Observe o exemplo.

	VERDADEIRO OU FALSO?		JUSTIFIQUE
1.	O garçom oferece bebida.	(V)	Would you like a drink?
2.	Os clientes pedem suco de laranja.	( )	
3.	O garçom oferece o cardápio do chef.	( )	
4.	Esse cardápio inclui entrada, prato principal e café.	( )	
5.	Os clientes não aceitam a sugestão.	( )	

VARIATIONS

O diálogo da situação 5 poderia ser diferente. Veja algumas das possíveis variações:

I. O cardápio de preço fixo pode ter diferentes nomes. Observe:
This is our chef's menu.
This is our executive menu.

II. No Brasil a palavra couvert serve para descrever os itens colocados na mesa logo na chegada do cliente. O couvert pode variar muito, mas geralmente consiste em uma cesta de pães, algum tipo de patê, azeitonas e conservas. Da forma como é utilizada no Brasil, essa palavra não existe em inglês. Pode-se usar a palavra "appetizer", caso ela não conste do cardápio como "entrada". Pode-se também usar "hors d'oeuvre" ou "amuse-bouche", ambas as palavras emprestadas do francês, sendo a segunda uma porção individual servida a cada cliente. Ao colocar o couvert na mesa, você pode dizer:
This is our hors d'oeuvre.
This is our amuse-bouche.

Caso ele faça parte do cardápio de preço fixo, você pode dizer:
It includes the hors d'oeuvre, appetizer, main course and dessert.
It includes the amuse-bouche, appetizer, main course and dessert.

III. O cardápio pode incluir diferentes itens. Veja alguns exemplos:
It includes the appetizer, main course and dessert.

It includes the sushi bar, main course, dessert and coffee.
It includes the salad bar, main course and coffee.
It includes main course, dessert and a drink.

IV. Quando o cardápio apresentar duas ou mais opções de um prato, você pode dizer:
It includes **a choice of** main course...
It includes **a choice of** dessert...

V. Esse tipo de cardápio também pode oferecer, por exemplo, frutas ou queijos variados. Nesse caso você pode dizer:
It includes **a selection of** cheese...
It includes **an assortment of** fruit...
It includes **assorted** fruit...

VI. O cardápio de preço fixo também pode oferecer uma combinação que inclui pratos do cardápio à la carte, como já vimos acontecer com o serviço de bufê na situação 2. Observe alguns exemplos:
It includes a selection of cheese and cold cuts served at the table, and a main course and a dessert chosen from the menu. (queijos e frios servidos na mesa e prato principal e sobremesa escolhidos do cardápio)
It includes the salad bar and a main course chosen from the menu. (salada do bufê e prato principal escolhido do cardápio)

LISTEN AND REPEAT

Agora que você já sabe como pode variar a situação 5, repita as frases que aprendeu:

This is our chef's menu.
This is our executive menu.
This is our hors d'oeuvre.
This is our amuse-bouche.
It includes the hors d'oeuvre, appetizer, main course and dessert.
It includes the amuse-bouche, appetizer, main course and dessert.
It includes the appetizer, main course and dessert.
It includes the sushi bar, main course, dessert and coffee.
It includes the salad bar, main course and coffee.
It includes main course, dessert and a drink.
It includes a choice of main course...
It includes a choice of dessert...

It includes a selection of cheese...

It includes an assortment of fruit...

It includes assorted fruit...

It includes a selection of cheese and cold cuts served at the table, and a main course and a dessert chosen from the menu.

It includes the salad bar and a main course chosen from the menu.

EXERCISES

I. **Select the items**

Marque os itens incluídos no cardápio de preço fixo do local onde você trabalha. Adicione mais algum item, se for necessário. Depois faça uma frase apresentando o serviço com o nome e os itens que você considera importantes.

( ) the soup of the day
( ) appetizer
( ) a salad bar
( ) a sushi bar
( ) a choice of ____________
( ) main course
( ) dessert
( ) coffee
( ) a drink
( ) a selection of cheese
( ) a selection of ____________
( ) ____________

This is our

____

It includes

____

II. **Create a dialogue**

Escolha um dos casos: serviço de bufê, serviço de churrascaria com rodízio ou serviço de cardápio fixo. Utilizando as frases aprendidas nas situações de 1 a 5, invente um diálogo completo sobre o serviço que o local onde você trabalha oferece.

____
____
____
____
____

THINK ABOUT

Você saberia dizer em inglês os itens que fazem parte do couvert que você serve?

AQUECENDO

Antes de começar a aprender coisas novas, observe a ilustração e pense um pouco sobre as seguintes questões:

Esta situação acontece em minha rotina de trabalho?

Consigo pensar em uma forma adequada de resolver isso em português?

Eu sei me comunicar nesta situação em inglês? O que eu posso ou devo dizer?

LISTEN AND READ

SITUATION 6

Room service delivery

WAITER:	(waiter rings the doorbell)
CUSTOMER:	Who is it?
WAITER:	Room service, ma'am. May I come in?
CUSTOMER:	Yes.
WAITER:	*Good evening, Ms. Tudor.* Excuse me... Where should I put your order?
CUSTOMER:	*On that table*, please.
WAITER:	Would you like me to open *the bottle*?
CUSTOMER:	Yes, thank you.
WAITER:	Please sign here.
	When you finish, please call room service to pick up the tray.
CUSTOMER:	All right.

COMPREHENSION

Observe a situação 6 e responda verdadeiro (V) ou falso (F). No quadro abaixo, escreva a(s) palavra(s) que justifica(m) sua resposta. Observe o exemplo.

	VERDADEIRO OU FALSO?		JUSTIFIQUE
1.	Depois de tocar a campainha ou bater na porta, o garçom identifica-se usando o nome de seu departamento.	(V)	Room service
2.	O garçom aguarda que o hóspede peça para ele entrar.	( )	
3.	O garçom pergunta onde deve deixar a bandeja.	( )	
4.	O garçom oferece-se para servir o vinho.	( )	
5.	O hóspede deve assinar a comanda.	( )	
6.	O garçom dá instruções ao hóspede sobre a bandeja.	( )	

VARIATIONS

O diálogo da situação 6 poderia ser diferente. Veja algumas das possíveis variações:

I. Para perguntar ao hóspede onde colocar o que você trouxe, você pode utilizar:
Where should I put your order? (seu pedido)
Where should I put your meal? (sua refeição)
Where should I put the tray? (a bandeja)
Where should I put the cart? (o carrinho em que é colocada a comida)

II. Você também pode perguntar ao hóspede se pode colocar o que você trouxe "aqui":
May I put your order here?

III. Para oferecer-se para abrir a garrafa de vinho, você pode usar:
Would you like me to open the bottle?
Would you like me to open the wine?
May I open the wine?

IV. Para oferecer-se para servir a bebida, você pode usar:
Would you like me to serve the wine?
Would you like me to serve the coffee? (para o serviço de café da manhã no apartamento)

V. O procedimento de retirada da bandeja depende de cada hotel. O serviço a ser chamado também tem nomes diferentes nos hotéis.

When you finish, please call **room service** to pick up the tray.
When you finish, please call room service to have your tray removed.
When you finish, you may leave **the tray** outside.
Room service will be back for **the cart** in 90 minutes.

Você pode oferecer-se para buscar a bandeja, assim:
Would you like me to pick up the tray (in 90 minutes)?

VI. Se você entregar algo durante o dia, pode se despedir, dizendo
Have a nice day. (Tenha um bom dia.)
Se for à noite, pode dizer
Good night.

LISTEN AND REPEAT

Agora que você já sabe como pode variar a situação 6, repita as frases que aprendeu:

Room service, ma'am.
May I come in?
Where should I put your order?
Where should I put your meal?
Where should I put the tray?
Where should I put the cart?
May I put your order here?
Would you like me to open the bottle?
Would you like me to open the wine?
May I open the wine?
Would you like me to serve the wine?
Would you like me to serve the coffee?
Please sign here.
When you finish, please call room service to pick up the tray.
When you finish, please call room service to have your tray removed.
When you finish, you may leave the tray outside.
Room service will be back for the cart in 90 minutes.
Would you like me to pick up the tray in 90 minutes?
Have a nice day.
Good night.

EXERCISES

I. Order the dialogue

Ordene as falas para formar o diálogo.

(1)	Who is it?
( )	All right, sir. Please sign here...
( )	Good evening, Mr. Martin. Excuse me... Where should I put the tray?
( )	No, that's not necessary. Thank you.
( )	Yes, come in.
( )	On the bed, please.
( )	Room service, sir. May I come in?
( )	Certainly, sir. Would you like me to open the bottle?
( )	When you finish, please call room service to pick up the tray.
( )	Ok.
( )	You are welcome. Good night. Excuse me.
( )	Yes, thank you.

II. Select the right answer

Marque as frases que mudariam no diálogo acima se o garçom estivesse entregando o café da manhã. Escreva ao lado como elas ficariam. Veja o exemplo

1. (×) Good evening.	Good morning
2. ( ) May I come in?	
3. ( ) Please sign here.	
4. ( ) You are welcome. Good night. Excuse me.	
5. ( ) Where should I put the tray?	
6. ( ) Would you like me to open the bottle?	

THINK ABOUT

Vimos até agora duas estruturas muito importantes para a comunicação com o cliente: uma delas serve para oferecer e a outra para pedir permissão. Elas se repetem bastante em algumas frases vistas até este capítulo. Você sabe quais são? Liste algumas dessas frases aprendidas até agora.

VOCABULARY

FEIJOADA CONTENTS

LISTEN AND REPEAT

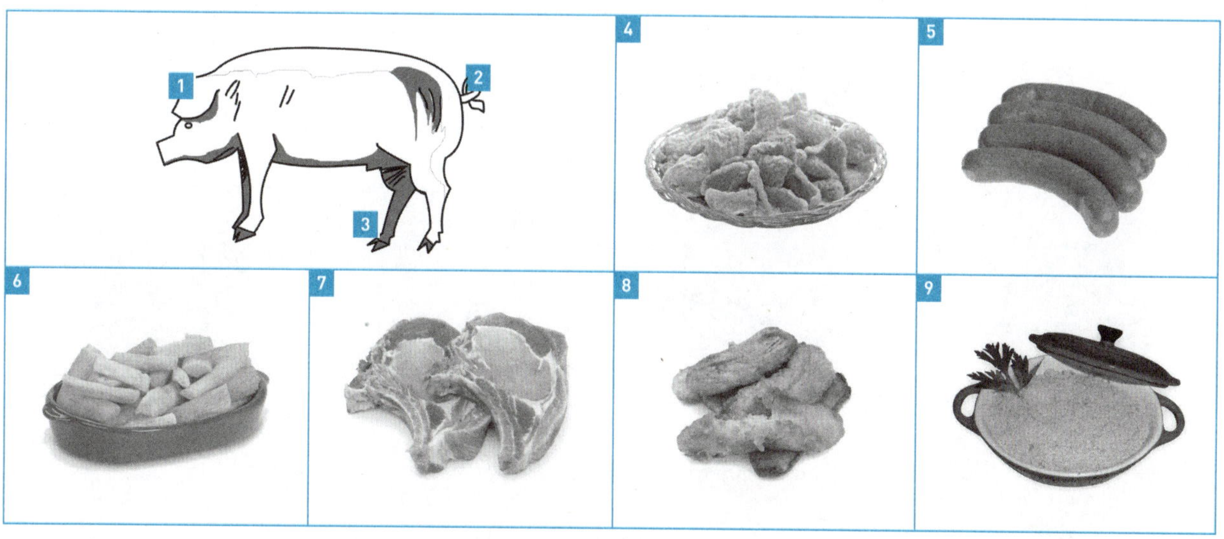

EXERCISES

Match the pictures to the names.

Ligue as figuras aos seus nomes utilizando os números que estão nos quadros. Tente fazer isso sem olhar as traduções.

ATENÇÃO

Apenas alguns itens da lista estão ilustrados. Observe o exemplo.

FEIJOADA INGREDIENTS	INGREDIENTES DA FEIJOADA
[–] jerked beef	carne seca
[–] (pig's) ears	orelha de porco
[ ] (pig's) feet	pé de porco
[ ] (pig's) tail	rabo de porco
[ ] pork chops	bisteca de porco
[–] pork ribs	costela de porco
[ ] pork rind/ cracklins	torresmo
[ ] pork sausage	linguiça de porco
[–] smoked beef tongue	língua de vaca defumada

SERVED WITH	ACOMPANHA
[–] black beans	feijão preto
[–] collard greens/ kale	couve
[ ] fried banana	banana à milanesa
[ ] fried manioc/ cassava	mandioca frita
[–] orange slices	laranja cortada/ fatiada
[–] rice	arroz
[ ] toasted manioc flour/ toasted manioc meal	farofa

VEGETABLES II

LISTEN AND REPEAT

1

2
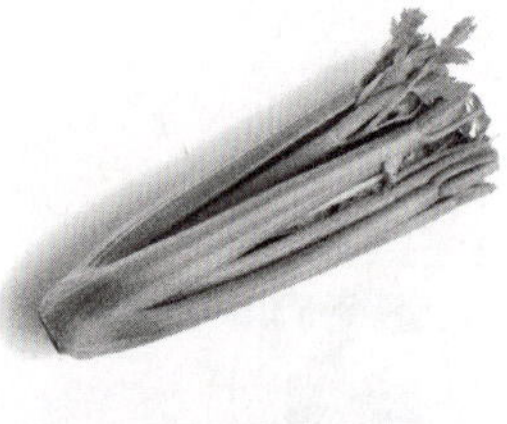

3

4

5

6
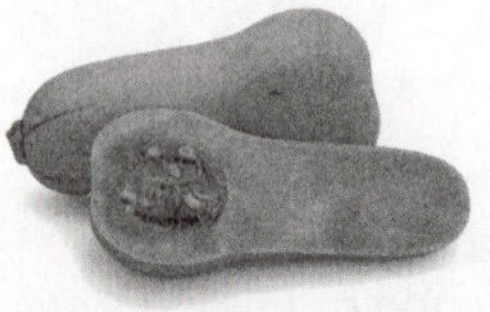

7

8

EXERCISE

Match the pictures to the names.

Ligue as figuras aos seus nomes utilizando os números que estão nos quadros. Tente fazer isso sem olhar as traduções. Observe o exemplo.

[1] artichoke [alcachofra]
[ ] asparagus [aspargo]
[ ] beet (root) [beterraba]
[ ] cabbage [repolho]
[ ] capers [alcaparras]
[ ] celery [salsão]
[ ] chayote / vegetable pear [chuchu]
[ ] chives [cebolinha]
[ ] endives [endívias]
[ ] collard greens / kale [couve]
[ ] okra [quiabo]
[ ] parsley [salsinha]
[ ] parsnip [mandioquinha]
[ ] pumpkin [moranga]
[ ] radicchio [radichio]
[ ] radish [rabanete]
[ ] squash [abóbora]
[ ] turnip [nabo]
[ ] yam [inhame]
[ ] zucchini [abobrinha]

BARBECUE CUTS

LISTEN AND REPEAT

Aprenda os nomes dos cortes de carne para servir em churrasco e à la carte

(beef) ribs [costela]
flank steak [fraldinha]
hump [cupim]
prime rib/ T-bone [bisteca do contrafilé com osso/ T-bone]
rib eye steak [bife ancho]
rump steak [picanha]
sirloin [contrafilé]
sirloin eye [olho de bife]
tenderloin [filé-mignon]
top sirloin [alcatra]
top sirloin medallion [medalhão de alcatra]

SIDE DISHES

LISTEN AND REPEAT

Estude o nome de alguns acompanhamentos

fried polenta [polenta frita]
onion rings [anéis de cebola]
cheese bread [pão de queijo]

BASICS

TIME I and DAYS OF THE WEEK

LISTEN AND REPEAT

DIGITAL TIME FROM 1:00 TO 24:00	
1:00	one o'clock am
2:00	two o'clock am
3:00	three o'clock am
4:00	four o'clock am
5:00	five o'clock am
6:00	six o'clock am
7:00	seven o'clock am
8:00	eight o'clock am
9:00	nine o'clock am
10:00	ten o'clock am
11:00	eleven o'clock am
12:00	twelve o'clock pm / (twelve) noon / midday
13:00	one o'clock pm
14:00	two o'clock pm
15:00	three o'clock pm
16:00	four o'clock pm
17:00	five o'clock pm
18:00	six o'clock pm
19:00	seven o'clock pm
20:00	eight o'clock pm
21:00	nine o'clock pm
22:00	ten o'clock pm
23:00	eleven o'clock pm
24:00/	twelve o'clock am
0:00	midnight

DIGITAL TIME WITH MINUTES	
1:05	one-o-five am
2:10	two ten am
3:15	three fifteen am
4:20	four twenty am
5:25	five twenty-five am
6:30	six thirty am
7:35	seven thirty-five am
8:40	eight forty am
9:45	nine forty-five am
10:50	ten fifty am
11:55	eleven fifty-five am
12:05	twelve-o-five pm
13:10	one ten pm
14:15	two fifteen pm
15:20	three twenty pm
16:25	four twenty-five pm
17:30	five thirty pm
18:35	six thirty-five pm
19:40	seven forty pm
20:45	eight forty-five pm
21:50	nine fifty pm
22:55	ten fifty-five pm
23:05	eleven-o-five pm
0:10	twelve ten am

DAYS OF THE WEEK	
Sunday	domingo
Monday	segunda-feira
Tuesday	terça-feira
Wednesday	quarta-feira
Thursday	quinta-feira
Friday	sexta-feira
Saturday	sábado

ATENÇÃO

am = ante meridian = before midday (de meia-noite a onze e cinquenta e nove da manhã)
pm = post meridian = after midday (de meio-dia a onze e cinquenta e nove da noite)

EXERCISE

Write the times in a 24-hour clock.

Observe os exemplos e escreva os horários em um relógio 24 horas.

	one fifty am	1:50		five ten pm	17:10
1.	one thirty pm		14.	ten thirty-five am	
2.	three forty pm		15.	two o'clock pm	
3.	eight forty-five am		16.	three fifty-five am	
4.	seven twenty-five pm		17.	twelve fifteen pm	
5.	twelve fifty am		18.	one twenty pm	
6.	two thirty-five pm		19.	eleven-o-five pm	
7.	five o'clock am		20.	twelve thirty am	
8.	ten-o-five pm		21.	four fifteen pm	
9.	eleven twenty am		22.	five ten am	
10.	four fifty am		23.	nine-o-five pm	
11.	six fifty-five am		24.	seven forty-five am	
12.	nine ten am		25.	twelve noon	
13.	six forty pm				

GLOSSARY 3

FUNCTION	ENGLISH	SIT	PORTUGUESE	PROFESSIONAL TIPS
Informar o que está incluído no bufê	Our buffet includes salads, hot dishes and desserts./ Today/ Tonight we have a salad bar, a sushi bar and a selection of hot dishes./	1	Nosso bufê inclui saladas, pratos quentes e sobremesas./ Hoje/ Esta noite temos um bufê de saladas e sushis e uma variedade de pratos quentes.	Lembre-se que você deve compor esta frase de acordo com o restaurante em que trabalha.
Informar sobre estações de preparo	The food prepared in the food station/ in that counter/ over there is included.	1	A comida preparada na estação está incluída.	Se o restaurante em que você trabalha tiver um nome para este balcão, use-o.

FUNCTION	ENGLISH	SIT	PORTUGUESE	PROFESSIONAL TIPS
Informar como é composto o serviço	We have a salad bar and you can choose a main course from the menu.	1	Temos um bufê de saladas e o(a) senhor(a) pode escolher um prato principal do cardápio.	
Informar sobre bebidas no serviço de bufê	Beverages are not included.	1	Bebidas não estão incluídas.	Acrescente aqui mais alguma coisa que não faça parte do serviço oferecido.
Informar valores	It's R$ 80,00 per person.	1	É R$ 80,00 por pessoa.	
Informar o que há no bufê	Today/ Tonight / On Wednesdays we have feijoada./	2	Hoje/ Esta noite/ Às quartas-feiras temos feijoada.	
Explicar a feijoada	Black beans and pork. (It's) served with rice, collard greens and orange slices.	2	Feijão preto e carne de porco. Servido com arroz, couve e laranja fatiada.	
Oferecer uma cortesia	The caipirinha is complimentary./ on the house./ This is a compliment.	2	A caipirinha é cortesia./ por conta da casa./ Este/ Esta é uma cortesia.	
Mostrar o bufê	The buffet is over there.	2	O bufê fica ali.	
Convidá-lo(s) a servir-se	Please help yourself/ yourselves.	2	Por favor, sirva-se/ sirvam-se.	
Respostas a "Thank you"	You are welcome./ Don't mention it./ Not at all./ It's a pleasure.	2	De nada./ É um prazer.	
Verificar se o cliente conhece a casa	Is it your first time here?/ Do you know the service here?	3	É sua primeira vez aqui?/ O(A) senhor(a) conhece o serviço aqui?	
Explicar o buffet no rodízio de carnes	You can help yourself anytime./ This is an all-you-can-eat buffet.	3	Pode se servir a qualquer hora./ Pode se servir à vontade.	
Explicar o rodízio de carnes	We have beef, pork, lamb, chicken and side dishes served at the table.	3	Temos carne de vaca, de cordeiro, frango e acompanhamentos servidos à mesa.	
Explicar a passagem de carnes no rodízio	For the meat service, turn this chip green. To stop the meat service, turn it red.	3	Para o serviço de carne, vire a ficha para o lado verde. Para interromper o serviço, vire-a para o lado vermelho.	

FUNCTION	ENGLISH	SIT	PORTUGUESE	PROFESSIONAL TIPS
Explicar os acompanhamentos no rodízio de carnes	**We have French fries, fried banana, fried polenta, white rice, onion rings and farofa as side dishes.**	3	Temos batatas fritas, bananas fritas, polenta frita, arroz branco, anéis de cebola empanados e farofa como acompanhamentos.	Adapte as frases aos acompanhamentos que são servidos.
Oferecer a troca do prato	**Would you like another plate?/ May I change your plate?/ Can I change your plate?**	3	Quer outro prato?/ Posso trocar seu prato?	
Oferecer-se para trazer algo especial	**Can I bring you something special?/ Would you like something special?**	3	Posso trazer-lhe algo especial?/ Quer algo especial?	
Perguntar se quer mais alguma coisa do bufê	**Would you like anything else from the buffet?**	4	Gostaria de servir-se de mais alguma coisa?	
Informar que o bufê será retirado	**We'll clear it in 10 minutes/ a few minutes.**	4	O bufê será retirado em 10 minutos/ em alguns minutos.	
Oferecer alternativa para o bufê que será recolhido	**If you need anything else, please call me./ the waiter.**	4	Se precisar de algo, por favor, me chame./ chame o garçom.	
Apresentar o menu do chef	**This is our chef's menu./ executive menu.**	5	Este é o menu do chef./ menu executivo.	O cardápio de preço fixo pode ter diferentes nomes. Utilize a nomenclatura de acordo com o restaurante em que trabalha.
Explicar o couvert	**This is our hors d'oeuvre/ amuse--bouche.**	5	Este é o nosso couvert.	
Informar o que está incluído no menu executivo	**It includes the amuse--bouche, appetizer, main course, dessert and coffee./ It includes a choice of main course.../ It includes an assortment of fruit.../ It includes a selection of sushis served at the table, and a main course and a dessert chosen from the menu.**	5	Inclui couvert, aperitivo, prato principal, sobremesa e café./ Inclui uma opção de prato principal.../ Inclui uma variedade de frutas./ Inclui uma variedade de sushis servidos à mesa, um prato principal e sobremesa escolhidos do cardápio.	Você pode adequar esta frase ao serviço que você oferece.

FUNCTION	ENGLISH	SIT	PORTUGUESE	PROFESSIONAL TIPS
Identificar-se	Room service.	6	Serviço de quarto.	O serviço de quarto é o serviço de restaurante do hotel entregue no apartamento do hóspede
Pedir permissão para entrar	May I come in?	6	Posso entrar?	
Perguntar onde deve colocar o pedido	Where should I put your order?/ May I put your order here?	6	Onde devo colocar seu pedido?/ Posso colocar seu pedido aqui?	
Oferecer-se para abrir a garrafa de vinho	Would you like me to open the bottle?/ the wine?/ May I open the wine?	6	Gostaria que eu abrisse a garrafa?/ Posso abrir o vinho?	
Pedir permissão para servir o vinho	Would you like me to serve the wine?	6	Posso servir o vinho?	
Pedir assinatura	Please sign here.	6	Por favor, assine aqui.	
Orientar sobre a bandeja	When you finish, please call room service to pick up the tray./ to have your tray removed./ you may leave the tray outside./ Room service will be back for the cart in 90 minutes./ Would you like me to pick up the tray (in 90 minutes)?	6	Quando terminar, por favor, ligue para o serviço de quarto para pegar a bandeja./ para ter sua bandeja removida./ pode deixar a bandeja lá fora./ O serviço de quarto voltará para buscar a bandeja daqui a 90 minutos./ Quer que eu volte para buscar a bandeja (daqui a 90 minutos)?	Utilize o procedimento adequado ao hotel em que você trabalha.
Desejar um bom dia	Have a nice day.	6	Tenha um bom dia.	
Desejar boa noite (ao despedir-se)	Good night.	6	Boa noite.	

BONUS 3

Use o glossário deste capítulo e dos capítulos anteriores, se necessário, para montar o seu roteiro personalizado para cada serviço indicado a seguir. Coloque as frases que vai utilizar na ordem em que costuma usá-las. Se preferir, faça apenas os serviços que utiliza na prática. O primeiro item foi feito como exemplo.

	USA?	SERVIÇO DE BUFÊ	USA?	SERVIÇO DE RODÍZIO	USA?	SERVIÇO DE CARDÁPIO COM PREÇO FIXO
Verificar se o cliente conhece a casa	√	Is it your first time here?	√	Is it your first time here?	√	Is it your first time here?
Explicar o que está incluído						
Explicar o que não está incluído						
Informar o preço						
Convidá-lo a servir-se						
Desejar-lhe bom apetite						
Verificar se a refeição está correndo bem						
Oferecer a troca de prato						
Verificar se o cliente precisa de algo.						
Oferecer algo especial						
Informar que o bufê será recolhido						

QUIZ 3

DESAFIO

Faça o teste a seguir. Se você acertar pelo menos oito das dez questões, siga para o capítulo 4. Se acertar menos que isso, por que não faz a revisão da página anterior novamente?

EXERCISE I

Listen to the customer's requests and mark the correct answer:

1.

a. Beverages are not included.
b. Our buffet includes salads, hot dishes and desserts.
c. Black beans and pork.
d. This is our amuse-bouche.
e. You can help yourself anytime.

2.

a. Salads, hot dishes and desserts.
b. On Wednesdays we have feijoada.
c. Grilled red meat, lamb and chicken served at the table.
d. Black beans and pork, served with rice, collard greens and orange slices.
e. We have a nice feijoada.

3.

a. The buffet is over there. Please help yourself.
b. The bar is over there. Please help yourself.
c. The buffet is over there. May I take your order?
d. The buffet is over there. Would you like feijoada?
e. The buffet is over there. Please help yourselves.

4.

a. Room service, ma'am. May I help you?
b. Room service, ma'am. May I change your plate?
c. Room service, ma'am. May I come in?
d. Room service, ma'am. May I open the wine?
e. Room service, ma'am. You may leave the tray outside.

5.

a. Excuse me, where should I put your order?
b. Excuse me, may I come in?
c. Please sign here.
d. Excuse me, may I help you?
e. Excuse me, may I take your order?

6.

a. May I come in?
b. When you finish, please call housekeeping to pick up the tray.
c. May I open the wine?
d. May I serve the coffee?
e. When you finish, please call room service to pick up the tray.

EXERCISE II

Listen to the customer's request and put the number next to the corresponding picture. Two pictures will be left out on purpose:

A	B	C
 ( )	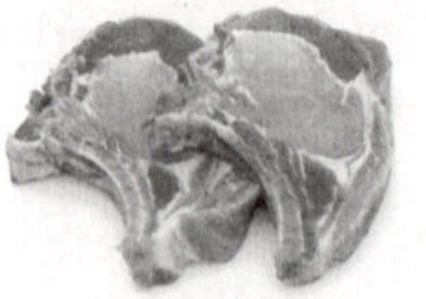 ( )	 ( )

D	E	F
 ( )	 ( )	 ( )

Seus acertos: ______

CHAPTER 3 – ANSWERS

SITUATION 1

COMPREHENSION

1.	(V)	Our buffet includes salads, hot dishes and desserts.
2.	(V)	Our buffet includes salads, hot dishes and desserts.
3.	(F)	Beverages are not included.
4.	(V)	Yes, we'll have the buffet.
5.	(V)	two Cokes

EXERCISES

I. Resposta pessoal.

II. c / f / g / a / d / b / h

THINK ABOUT

Resposta pessoal

ANSWERS

SITUATION 2

COMPREHENSION

1.	(V)	Today we have feijoada.
2.	(F)	What kind of food is that?
3.	(V)	Black beans and pork, sir. (It's) served with rice, collard greens and orange slices.
4.	(F)	All right, we'll try that.
5.	(V)	The buffet is over there. Please help yourselves.

EXERCISES

I. 2, 7, 4, 1, 6, 5, 3

II. 1.a, 2.c, 3.b, 4.b

THINK ABOUT

Resposta pessoal

SITUATION 3

COMPREHENSION

1.	(V)	Is it your first time here?
2.	(F)	Yes.
3.	(F)	You can help yourself anytime.
4.	(V)	We have beef, pork, lamb, chicken served at the table.
5.	(V)	For the meat service, turn this chip green.
6.	(F)	...and side dishes served at the table

EXERCISES

I.

1. Beverages are not included.
2. Black beans and pork, served with rice, collard greens and orange slices.
3. It's 80,00 reais.
4. May I change your plate?
5. On Sundays we have brunch.
6. Our buffet includes salads, hot dishes and desserts.

ANSWERS

7. Please help yourself.
8. The buffet is over there.
9. We have fries, breaded banana, fried polenta, white rice, onion rings and farofa.
10. Would you like something special?

II. 6, 1, 3, 5, 2, 8, 7, 9, 4, 10

THINK ABOUT

Algumas outras possibilidades:

2. Black beans and pork, served with rice, collard greens and orange slices.
Pork and black beans, served with collard greens , rice and orange slices.
Black beans and pork, served with orange slices, rice and collard greens.

6. Aqui não cabe outra ordem pois esta é a ordem em que os itens são servidos.

9. Qualquer ordem está correta, desde que comece com "We have".
We have fries, fried polenta, fried banana, onion rings, white rice and farofa.
We have fried polenta, fried banana, fries, onion rings, farofa and white rice.

SITUATION 4

COMPREHENSION

1.	(V)	Excuse me.
2.	(V)	We'll clear it
3.	(F)	in 10 minutes
4.	(V)	If you need anything else, please call me.

EXERCISES

I. Resposta sugerida: 4, 10, 11, 3, 8, 6, 5, 7, 1, 9, 2

II. Resposta pessoal.

THINK ABOUT

Resposta pessoal

ANSWERS

SITUATION 5

COMPREHENSION

1.	(V)	Would you like a drink?
2.	(F)	still water
3.	(V)	This is our chef's menu.
4.	(F)	It includes the appetizer, main course and dessert.
5.	(F)	We'll have the chef's menu

EXERCISES

I. Resposta pessoal.

II. Resposta pessoal.

THINK ABOUT

Resposta pessoal

SITUATION 6

COMPREHENSION

1.	(V)	room service
2.	(F)	May I come in?
3.	(V)	Where should I put your order?
4.	(F)	Would you like me to open the bottle?
5.	(V)	Please sign here.
6.	(V)	When you finish, please call room service to pick up the tray.

EXERCISES

I. 1, 8, 4, 7, 3, 5, 2, 6, 10, 9, 12,11

II.

1 (X) Good evening.	Good morning.
4 (X) You are welcome. Good night. Excuse me.	Have a nice day
6 (X) Would you like me to open the bottle?	Would you like me to serve the coffee?

ANSWERS

THINK ABOUT

Frases começando com:
Would you like...
Would you like me to...
May I...

VOCABULARY

Feijoada contents: 1, 3, 2, 7, 4, 5, 8, 6, 9

Vegetables II: 1, 9, 10, 12, 14, 2, 5, 8, 7, 18, 3, 11, 15, 17, 19, 4, 6, 16, 13, 20

BASICS

Time I and days of the week

1. 13:30	6. 14:35	11. 6:55	16. 3:55	21. 16:15
2. 15:40	7. 5:00	12. 9:10	17. 12:15	22. 5:10
3. 8:45	8. 22:05	13. 18:40	18. 13:20	23. 21:05
4. 19:25	9. 11:20	14. 10:35	19. 23:05	24. 7:45
5. 12:50	10. 4:50	15. 14:00	20. 0:30	25. 12:00

BONUS 3

Resposta pessoal

QUIZ 3

TAPESCRIPT	RESPOSTA	DICA DA PROFESSORA
EXERCISE I		
1. What's in the buffet today?	b	Primeiro diga o que está incluído.
2. What is feijoada?	d	Descreva o prato.
3. All right, I'll have the buffet.	a	Ele está sozinho.
4. Who is it?	c	Primeiro identifique-se e peça para entrar.
5. Come in, room service attendant.	a	O hóspede permitiu sua entrada e você está carregando uma bandeja.
6. Waiter, where can I put the tray?	e	O hóspede fez a pergunta.
EXERCISE II		
1. Is this vegetable **endives**?	e	
2. This **pumpkin** is delicious.	c	
3 Do you have **pork chops**?	b	
4. Can I have some **pork sausage**, please?	d	

CHAPTER 4

AFTER THE MAIN COURSE

No capítulo 4 são apresentados os serviços que seguem o prato principal: a sobremesa, o café e a conta. Veja a seguir o que você vai aprender neste capítulo.

AQUECENDO

Antes de começar a aprender coisas novas, observe a ilustração e pense um pouco sobre as seguintes questões:

Esta situação acontece em minha rotina de trabalho?

Consigo pensar em uma forma adequada de resolver isso em português?

Eu sei me comunicar nesta situação em inglês? O que eu posso ou devo dizer?

LISTEN AND READ

SITUATION 1

Clearing the table and offering dessert

WAITER: Excuse me, sir. May I clear the table?

CUSTOMER: *Sure, I'm finished.*

WAITER: Would you like dessert now?

CUSTOMER: What do you recommend?

WAITER: The *chocolate cake* is nice.

CUSTOMER: Is there a light dessert?

WAITER: Yes, the *lemon mousse* is light.

CUSTOMER: No, I prefer fresh fruit.

WAITER: The *watermelon* is nice.
The *mango* is nice too.

CUSTOMER: Yes, I'll have *watermelon*.

WAITER: Certainly, sir.

STUDY *Dessert*, page 185.

STUDY *Dessert characteristics*, page 186.

STUDY *Fruit*, page 186.

COMPREHENSION

Observe a situação 1 e responda verdadeiro (V) ou falso (F). No quadro abaixo, escreva a(s) palavra(s) que justifica(m) sua resposta. Observe o exemplo.

	VERDADEIRO OU FALSO?		JUSTIFIQUE
1.	O garçom oferece a sobremesa antes de retirar os pratos.	(F)	May I clear the table?
2.	O cliente afirma que não terminou.	( )	
3.	O cliente pede uma recomendação de sobremesa.	( )	
4.	O garçom oferece fruta primeiro.	( )	
5.	O cliente quer uma sobremesa menos calórica.	( )	
6.	O cliente escolhe manga para sobremesa.	( )	

VARIATIONS

O diálogo da situação 1 poderia ser diferente. Veja algumas das possíveis variações:

I. Para oferecer a sobremesa, você pode dizer: "**Would you like dessert now?**" como na situação 1 ou:
Would you like dessert?
Would you like to order dessert now?
Would you like to see the dessert menu?

II. As sobremesas podem ser divididas em dois grandes grupos: os doces e as frutas. Em inglês, *sweets* e *fruits*.

III. Lembre-se que os alimentos diet são de uso dos diabéticos e não contêm açúcar. Já os alimentos light têm apenas teor calórico reduzido, não servindo para os diabéticos. Preste atenção no que é solicitado e responda utilizando a mesma palavra. Os clientes podem pedir ou perguntar de algumas formas, veja alguns exemplos:
Do you have anything light?
Do you have a diet dessert?
Is there a light dessert?
Is there anything diet?

Você pode responder:

The lemon pudding is diet.
The orange cake is light.
We have fruit.

IV. Sempre que o cliente pedir sugestões, recomenda-se que você ofereça pelo menos duas, como no exemplo da situação 2. A palavra "too" que significa "também" vai ajudar a fazer essa frase.

The pineapple is nice. The peach is nice too.
The strawberry mousse is nice. The apple pie is nice too.

LISTEN AND REPEAT

Agora que você já sabe como pode variar a situação 1, repita algumas possíveis combinações do que aprendeu:

May I clear the table?
Would you like dessert now?
Would you like dessert?
Would you like to order dessert now?
Would you like to see the dessert menu?
The chocolate cake is nice.
Yes, the lemon mousse is light.
The lemon pudding is diet.
The orange cake is light.
We have fruit.
The watermelon is nice. The mango is nice too.
The pineapple is nice. The peach is nice too.
The strawberry mousse is nice. The apple pie is nice too.

EXERCISES

I. **Order the dialogue**

Ordene o diálogo para que faça sentido.

( )	The cashew mousse is diet, ma'am.
( )	Would you like to order dessert now?

( )	Excuse me, ma'am. May I clear the table?
(6)	No, I don't like cashew very much, thanks. I'd rather have some fresh fruit.
( )	Yes, I'm finished.
( )	Yes, ma'am. The melon is nice. The peach is nice, too.
( )	Yes, I'll have melon.
( )	Yes, please, I'd like a diet dessert. What do you have?
( )	Certainly, ma'am. Excuse me.

II. **Mark the correct alternative**

Escolha a alternativa correta para completar a conversa de forma adequada. Lembre-se: nas situações abaixo, o cliente está falando primeiro. Observe o exemplo.

CUSTOMER:	Waiter, I'd like some dessert now.
Waiter: ( )	Yes, sir. Here's the wine list.
Waiter: ( )	Yes, sir. Here's the wine list.
Waiter: (×)	Yes, sir. Here's the dessert menu.

1. CUSTOMER:	Waiter, I'd like some fruit. What do you suggest?
Waiter: ( )	a. The lemon pie is nice. The banana cake is nice too.
Waiter: ( )	b. The melon juice is nice. The cashew juice is nice too.
Waiter: ( )	c. The mango is nice. The strawberry is nice too.

2. CUSTOMER:	Waiter, I want a sweet for dessert. What do you recommend?
Waiter: ( )	a. The grapes are nice. The kiwi is nice too.
Waiter: ( )	b. The chocolate mousse is nice. The coconut cake is nice too.
Waiter: ( )	c. Here is the dessert menu, ma'am.

3. CUSTOMER:	Do you have diet desserts?
Waiter: ( )	a. Yes, ma'am. We have a diet passion fruit mousse and fruit.
Waiter: ( )	b. Yes, ma'am. We have a light passion fruit mousse and fruit.
Waiter: ( )	c. Yes, ma'am. The passion fruit mousse is light.

4.	CUSTOMER:	Waiter, is there a light dessert?
	Waiter: ( )	a. Yes, ma'am. The strawberry cake is diet.
	Waiter: ( )	b. Yes, ma'am. The strawberry cake is light.
	Waiter: ( )	c. Yes, ma'am. The strawberry juice is light.

5.	CUSTOMER:	Waiter, I'd rather have pie. Which ones do you have?
	Waiter: ( )	a. We have raspberry pie and fig pie.
	Waiter: ( )	b. We have avocado mousse and lemon pie.
	Waiter: ( )	c. We have plum cake and brownie.

ATENÇÃO

Observe no exercício II, item 2, alternativa a, o que há de diferente?

Lembre-se, no singular você deve dizer: "The kiwi **is** nice"; e no plural: The grapes **are** nice".

THINK ABOUT

Nas expressões abaixo, o que vem primeiro: o sabor ou o nome da sobremesa?

mango pie; **peach** cake; **orange** juice...

Funciona igual ou ao contrário na língua portuguesa?

Agora, escreva os seus exemplos:

____

____

____

____

____

____

____

____

AQUECENDO

Antes de começar a aprender coisas novas, observe a ilustração e pense um pouco sobre as seguintes questões:

Esta situação acontece em minha rotina de trabalho?

Consigo pensar em uma forma adequada de resolver isso em português?

Eu sei me comunicar nesta situação em inglês? O que eu posso ou devo dizer?

LISTEN AND READ

SITUATION 2

Showing the dessert buffet and offering ice cream

WAITER: Excuse me, sir. Was everything all right?

CUSTOMER: *Yes, everything was delicious.*

WAITER: May I clear the table?

CUSTOMER: *Yes, go ahead. Thank you.*

WAITER: Would you like to see the dessert buffet?

CUSTOMER: *Yes, please.*

WAITER: *Follow me, please... We have chocolate mousse, apple pie, coconut cake, strawberry crumble and caramel custard.*

CUSTOMER: *Well, I think I'd prefer ice cream. What flavor ice cream do you have?*

WAITER: We have *chocolate, vanilla, chocolate chips, strawberry, pistachio...*

CUSTOMER: *I'll have two scoops of vanilla ice cream with whipped cream.*

WAITER: Yes, sir...

STUDY *Ice cream flavors,* page 189.

STUDY *Sauces and toppings,* page 189.

COMPREHENSION

Observe a situação 2 e responda verdadeiro (V) ou falso (F). No quadro abaixo, escreva a(s) palavra(s) que justifica(m) sua resposta. Observe o exemplo.

	VERDADEIRO OU FALSO?		JUSTIFIQUE
1.	O cliente permitiu que os pratos sejam retirados.	(V)	Yes, go ahead.
2.	O restaurante dispõe de um bufê de sobremesas.	( )	
3.	O garçom convida o cliente a olhar o bufê de sobremesas.	( )	
4.	O garçom não acompanha o cliente.	( )	
5.	O cliente prefere a torta de maçã.	( )	
6.	O cliente pede sorvete com chantilly.	( )	

VARIATIONS

O diálogo da situação 2 poderia ser diferente. Veja algumas das possíveis variações:

I. Quando você perceber que o seu cliente terminou o prato principal, você pode aproximar-se da mesa para dar continuidade ao serviço. Pode então perguntar se estava tudo de seu agrado, assim:
Was everything all right?

Outra opção é perguntar o que achou do prato. Por exemplo, se ele comeu peixe, você pode perguntar:
How was the fish, sir?

II. O garçom pode convidar o cliente a conhecer o bufê de sobremesas, acompanhá-lo e apresentá-lo, como está na situação 2. O garçom pode, no entanto, convidá-lo e não acompanhá-lo. Veja uma sugestão:
Would you like to see the dessert buffet, sir?... The buffet is over there. Please help yourself.

III. Alguns restaurantes trabalham com o carrinho de sobremesas (*cart*). Nesse caso, a pergunta poderia ser:

Would you like to see the dessert cart?

O carrinho é então trazido pelo garçom, e as sobremesas são apresentadas, como no caso da situação 2.

LISTEN AND REPEAT

Agora que você já sabe como pode variar a situação 1, repita algumas das possíveis combinações que aprendeu:

Was everything all right?
How was the fish, sir?
Would you like to see the dessert buffet?
Follow me, please... We have chocolate mousse, apple pie, coconut cake, strawberry crumble and caramel custard.
Would you like to see the dessert buffet?
The buffet is over there. Please help yourself.
Would you like to see the dessert cart?
We have chocolate, vanilla, chocolate chips, strawberry, pistachio...

EXERCISES

I. **Research**

Pense nas sobremesas que você oferece em seu local de trabalho para completar as frases abaixo. Se precisar, recorra também ao item *Dessert* na página 185. Observe o exemplo:

1. We have a ___nice___ ___apple___ pie.
2. We have a ________ ______________ tart.
3. We __________ a nice ____________________ cake.
4. ________ have ____ nice ____________________ mousse.
5. _____ _____ ___ ________ ________ __________.
6. The ____________ ______________ is diet.

II. **Research**

Utilize as orientações dadas no *Menu study* a seguir e o cardápio de seu local de trabalho para descrever algumas sobremesas. O exercício solicita que você indique e descreva uma sobremesa de cada categoria listada. Observe o exemplo:

Dessert menu study - examples

FLAVOR	DESSERT KIND	SERVED WITH
vanilla	ice cream	cream whipped cream chocolate sauce/ topping hot fudge
banana	cake	cream whipped cream passion fruit sauce vanilla ice cream
lemon	pie/ tart	
passion fruit	mousse	
orange	pudding	
(fruit)	crumble	
(fruit)	flambé	
(fruit)	preserve	
(fruit)	strudel	
(fruit)	trifle	
	cream caramel/ caramel custard	cream vanilla ice cream whipped cream
	strudel	

Example: chocolate cake served with vanilla ice cream.

1. A kind of cake

____

2. A kind of pie or tart

____

3. A list of ice cream flavors

____

4. Something else

____

III. Consulte em *Dessert characteristics* e *Dessert ingredients*, nas páginas 186 e 189, os ingredientes mais comuns em sobremesas e descreva duas sobremesas de seu cardápio. Veja o exemplo:

STUDY
Dessert ingredients, page 189.

Apple strudel: pastry filled with apples, served with vanilla ice cream.

1. ______________ : ______________________

2. ______________ : ______________________

THINK ABOUT

1. Escreva sobre as suas preferências de fruta e de sobremesa. Observe os modelos.

My favorite fruit is watermelon. What is your favorite fruit?
Student: ______________________

My favorite dessert is chocolate mousse. What is your favorite dessert?
Student: ______________________

2. Liste as frutas que podem ser sabor de sorvete:

______________ ______________
______________ ______________
______________ ______________
______________ ______________
______________ ______________

AQUECENDO

Antes de começar a aprender coisas novas, observe a ilustração e pense um pouco sobre as seguintes questões:

Esta situação acontece em minha rotina de trabalho?

Consigo pensar em uma forma adequada de resolver isso em português?

Eu sei me comunicar nesta situação em inglês? O que eu posso ou devo dizer?

LISTEN AND READ

SITUATION 3

Offering coffee

WAITER: Excuse me, ma'am. Did you enjoy your *dessert?*

CUSTOMER: *Yes, it was delicious.*

WAITER: Can I take your plates?

CUSTOMER: *Yes, please.*

WAITER: Would you like some coffee?

CUSTOMER: Yes, please. I'll have *an espresso.*

STUDY
Coffee, page 190.

WAITER: Certainly... Here it is, ma'am.

...

CUSTOMER: Waiter, *can I have some more coffee*?

WAITER: Yes, ma'am. I'll bring it right away.

COMPREHENSION

Observe a situação 3 e responda verdadeiro (V) ou falso (F). No quadro abaixo, escreva a(s) palavra(s) que justifica(m) sua resposta. Observe o exemplo.

	VERDADEIRO OU FALSO?		JUSTIFIQUE
1.	O cliente não gostou de sua sobremesa.	(F)	It was delicious.
2.	O garçom pergunta se pode retirar os pratos.	( )	
3.	O garçom oferece chá.	( )	
4.	O cliente pede um café expresso.	( )	
5.	O cliente pede mais um café expresso.	( )	
6.	O garçom diz que não vai trazer o café imediatamente.	( )	

VARIATIONS

O diálogo da situação 3 poderia ser diferente. Veja algumas das possíveis variações:

I. Para perguntar se o cliente gostou daquilo que comeu, você pode dizer:
Did you enjoy your dessert?
Did you enjoy your meal?
Did you enjoy your steak?
Did you enjoy your lunch?

II. Se houver apenas um prato na mesa, diga:
Can I take your plate?

III. Para oferecer café, utilize "**Would you like some coffee?**", como na situação 3. Para oferecer mais café, diga: "**Would you like some more coffee?**".

Alguns restaurantes têm cafés especiais, como, por exemplo, Nespresso, Illy etc. e recomendam que seus garçons mencionem isso durante o serviço. Você pode então dizer:
We have Nespresso. (Would you like one?)

Nesse caso, o garçom pode trazer a caixa de cápsulas à mesa para que o cliente escolha. (Obs.: no próximo capítulo, vamos aprender mais sobre as características de uma bebida.)

IV. O cliente também pode perguntar os tipos de café que o restaurante serve dizendo: "**What kinds of coffee do you have?**" Você pode dizer, adequando a frase ao serviço que você oferece:
We have espresso, cappuccino and Nespresso.

V. Para entregar uma única coisa, por exemplo, um café, você pode dizer:
Here it is, sir.

Se o cliente pedir duas coisas, como o café e a conta, você deve dizer:
Here they are, sir.

VI. Para dizer que vai trazer imediatamente algo que o cliente pediu, diga:
I'll bring it right away.

Caso você saiba que não conseguirá ser tão rápido, é melhor dizer:
I'll bring it in a few minutes. (em alguns minutos)

LISTEN AND REPEAT

Agora que você já sabe como pode variar a situação 3, repita algumas das possíveis combinações que aprendeu:

Did you enjoy your dessert?
Did you enjoy your meal?
Did you enjoy your steak?
Did you enjoy your lunch?
Can I take your plates?
Can I take your plate?
Would you like some coffee?
Would you like some more coffee?
We have Nespresso. Would you like one?
We have espresso, cappuccino and Nespresso.
Here it is, sir.
Here they are, sir.
I'll bring it right away.
I'll bring it in a few minutes.

EXERCISES

I. Complete the dialogue

Use cada uma das frases abaixo apenas uma vez para completar o diálogo. Você pode escrever ou utilizar as letras correspondentes. Atenção: duas frases não serão utilizadas.

SENTENCE BANK	
a. Can I take your plates?	e. I'm sorry, ma'am.
b. Certainly, ma'am.	f. I'll bring it right away. Excuse me.
c. Would you like some more coffee?	g. Would you like some coffee?
d. Excuse me. Here is your cappuccino, ma'am.	h. Excuse me, ma'am.
	i. Did you enjoy your dessert?

Waiter: ____________________
____

Customer: Yes, it was delicious.
Waiter: ____________________

Customer: Yes, please.
Waiter: ____________________

Customer: Yes. I'll have a cappuccino.
Waiter: ____________________
____

Customer: Ok.
Waiter: ____________________

Customer: Thank you.

II. Mark the correct alternative

Escolha a alternativa correta para completar a conversa de forma adequada. Lembre-se: nas situações a seguir, o cliente está falando primeiro. Observe o exemplo.

	CUSTOMER:	Yes, you can take my plate.
	Waiter: ( )	Would you like another beer?
	Waiter: (×)	Would you like some coffee?
	Waiter: ( )	Would you like to wait?

1.	CUSTOMER:	Waiter, please bring me an espresso.
	Waiter: ( )	a. Certainly, sir. May I help you?
	Waiter: ( )	b. Certainly, sir. I'll bring it right away.
	Waiter: ( )	c. Certainly, sir. Would you like some tea?

2.	CUSTOMER:	Waiter, what kinds of coffee do you have?
	Waiter: ( )	a. We have espresso and cappuccino, sir.
	Waiter: ( )	b. I'm sorry, sir. I'll bring it right away.
	Waiter: ( )	c. Certainly, sir. Would you like some coffee?

3.	CUSTOMER:	Waiter, I'd like some coffee.
	Waiter: ( )	a. Certainly, sir. Here it is, sir.
	Waiter: ( )	b. Certainly, sir. We have Nespresso. Would you like one?
	Waiter: ( )	c. Certainly, sir. Would you like some more coffee?

4.	CUSTOMER:	Waiter, can I have more coffee?
	Waiter: ( )	a. Would you like another drink?
	Waiter: ( )	b. Certainly, sir. Would you like some more coffee?
	Waiter: ( )	c. Certainly, sir. I'll bring it right away.

THINK ABOUT

"I'll bring it right away" é uma frase muito útil. Liste aqui outras situações profissionais em que você poderá utilizá-la.

____

____

____

____

____

AQUECENDO

Antes de começar a aprender coisas novas, observe a ilustração e pense um pouco sobre as seguintes questões:

Esta situação acontece em minha rotina de trabalho?

Consigo pensar em uma forma adequada de resolver isso em português?

Eu sei me comunicar nesta situação em inglês? O que eu posso ou devo dizer?

LISTEN AND READ

SITUATION 4

Offering tea and liqueur

WAITER: Excuse me. Would you like some coffee or tea?

CUSTOMER 1: *Tea, please. What kinds of tea do you have?*

STUDY *Tea/ Infusions* page 190.

WAITER: We have chamomile, black, mint and jasmine, sir.

CUSTOMER 1: I'll have *mint*.

WAITER: Yes, sir. And for you, sir?

CUSTOMER 2: *No coffee or tea for me, thanks.*

WAITER: Would you like a liqueur?

CUSTOMER 2: *Yes, I'll have a Frangelico.*

STUDY *Liqueur*, page 191.

CUSTOMER 1: No, thanks.

COMPREHENSION

Observe a situação 4 e responda verdadeiro (V) ou falso (F). No quadro abaixo, escreva a(s) palavra(s) que justifica(m) sua resposta. Observe o exemplo.

VERDADEIRO OU FALSO?			JUSTIFIQUE
1.	O garçom está atendendo dois homens.	(V)	Yes, sir. And you, sir?
2.	O primeiro cliente quer chá de menta.	( )	
3.	O segundo cliente quer café.	( )	
4.	O garçom oferece um licor.	( )	
5.	O primeiro cliente aceita um licor.	( )	
6.	O segundo cliente não aceita um licor.	( )	

VARIATIONS

O diálogo da situação 4 poderia ser diferente. Veja algumas das possíveis variações:

I. Você pode oferecer café ou chá na mesma pergunta, ou cada um separadamente. Dependerá da situação:
Would you like some coffee?
Would you like some tea?
Would you like some coffee or tea?

II. Ao oferecer chá, você pode dizer os sabores que tem, como foi feito na situação 4, ou trazer a caixa de chás para que o cliente escolha. Nesse caso, você pode dizer:
I'll bring you the box.

III. Algumas pessoas apreciam seu chá acompanhado de leite ou limão. Então você pode oferecer tendo em mente que são, na verdade, três opções: leite, limão ou nada. Isso vai fazer diferença na entonação da frase em inglês.
Milk or lemon?

O cliente poderá responder: "**Milk.**", "**Lemon.**" ou "**Nothing.**"/ "**No, thanks.**"

IV. Para oferecer um licor, você pode dizer:

Would you like a liqueur?

Would you like an after dinner drink?

LISTEN AND REPEAT

Agora que você já sabe como pode variar a situação 4, repita algumas das possíveis combinações do que aprendeu:

Would you like some coffee?
Would you like some tea?
Would you like some coffee or tea?
We have chamomile, black, mint and jasmine, sir.
I'll bring you the box.
Milk or lemon?
Would you like a liqueur?
Would you like an after dinner drink?

EXERCISES

I. **Match the columns**

Ligue as perguntas do garçom com as respostas do cliente. Observe o exemplo. Uma frase da coluna da direita ficará sobrando.

GARÇOM	CLIENTE
a. May I clear the table?	( ) Yes, please. I'll have chocolate cake.
b. Would you like dessert now?	( ) I'll have chocolate flakes.
c. Would you like some more coffee?	(a) Yes, I'm finished.
d. Would you like some coffee or tea?	( ) Can I have some Amarula?
e. Would you like an after dinner drink?	( ) No, thanks. I'd rather have tea.
f. Would you like some coffee?	( ) I'll have a decaf coffee.
	( ) Yes, please, bring me one more Nespresso.

II. **Match the columns**

Ligue os pedidos do cliente com as respostas do garçom. Uma frase da coluna da direita ficará sobrando.

CLIENTE	GARÇOM
a. I'll have Darjeeling tea.	( ) The passion fruit mousse is nice. The kiwi pie is nice too.
b. What sweets do you recommend for dessert?	( ) Anise, peppermint and green.
c. Can I have some tea, please?	(a) Certainly, ma'am. Milk or lemon?
d. What kinds of tea do you have?	( ) The raspberry mousse is diet.
e. Is there a diet mousse?	( ) Yes. We have mint, chamomile, green...
f. I'd rather have fresh fruit. What do you suggest?	( ) The raspberry mousse is light.
	( ) The melon is nice. The pineapple is nice too.

THINK ABOUT

1. Liste as frutas que podem ser sabor de chá:

_______________ _______________
_______________ _______________
_______________ _______________
_______________ _______________
_______________ _______________
_______________ _______________

2. Suponha a seguinte situação: você oferece café ou chá a um cliente e ele não quer nenhum dos dois. O que você oferece em seguida?

____
____
____
____
____
____

AQUECENDO

Antes de começar a aprender coisas novas, observe a ilustração e pense um pouco sobre as seguintes questões:

Esta situação acontece em minha rotina de trabalho?

Consigo pensar em uma forma adequada de resolver isso em português?

Eu sei me comunicar nesta situação em inglês? O que eu posso ou devo dizer?

LISTEN AND READ

SITUATION 5

Bringing the check to a hotel guest

STUDY
Numbers III, page 191.

CUSTOMER: Can you bring us the check, please?

WAITER: Certainly, sir. Excuse me...

Excuse me, sir. Here's the check. Write your full name and sign here, please.

CUSTOMER: Is service included?

WAITER: Yes, sir.

CUSTOMER: Here you are.

WAITER: Thank you, sir. Have a nice day.

COMPREHENSION

Observe a situação 5 e responda verdadeiro (V) ou falso (F). No quadro abaixo, escreva a(s) palavra(s) que justifica(m) sua resposta. Observe o exemplo.

	VERDADEIRO OU FALSO?		JUSTIFIQUE
1.	Os clientes pedem a conta.	(V)	Can you bring us the check?
2.	O garçom instrui que o cliente deve apenas assinar.	( )	
3.	O cliente pergunta se o estacionamento está incluído.	( )	
4.	O serviço não está incluído	( )	
5.	Este diálogo acontece à noite.	( )	

VARIATIONS

O diálogo da situação 5 poderia ser diferente. Veja algumas das possíveis variações:

I. Há várias formas de um cliente pedir a conta. Além disso, outro nome para *check* é *bill*. Portanto, o cliente também pode dizer:

Bring me the bill, please.
Can I have the bill, please?
I'd like you to bring the check, please.

Ao trazer, você dirá:

Here's the check.
Here's the bill.

II. Os procedimentos aprendidos na situação 5 são específicos para casos em que o cliente do restaurante de um hotel também é hóspede desse hotel. Para perguntar isso ao cliente, você diz:

Are you a guest here?

Caso ele responda afirmativamente, você deve perguntar:

What is your room number?

Esse procedimento já foi visto no capítulo 1. Alguns hotéis têm como procedimento perguntar isso no início do serviço, ou seja, no momento em que os clientes são acomodados à mesa. Outros, no momento de pedir a conta.

III. Alguns restaurantes incluem a taxa de serviço, outros não. O cliente pode perguntar:
Is service included?

Você teria as seguintes opções de resposta: "Yes" ou "No".
No caso de uma resposta negativa, sugere-se que você diga algo assim:
No, sir. Would you like to include it?

Caso o cliente não pergunte e seja permitido dentro dos procedimentos de seu local de trabalho, também se pode usar a pergunta abaixo ao trazer a conta:
Would you like to include service, sir?

IV. Ao consumir um item no hotel, o hóspede assina a comanda para que ela seja registrada na sua conta geral. Na refeição, esse também é o procedimento. Para que a identificação do hóspede seja legível e clara, alguns hotéis pedem o nome completo, o número do apartamento e a assinatura. Aqui, você pode combinar as expressões conforme a sua necessidade:
Sign here, please...
Write your full name and sign here, please...
Write your full name, your room number and sign here, please...

V. Para despedir-se, você pode sempre agradecer:
Thank you.

Durante o dia, você pode acrescentar:
Have a nice day.

À noite:
Good night.

ATENÇÃO

Em inglês, não se diz "Volte sempre.", como dizemos no Brasil.

Se o restaurante onde você trabalha tiver um ambiente descontraído (não formal), algo que poderia ser dito, caso isso seja permitido, é:
We hope to see you again. (Esperamos vê-lo(s) novamente.)
We hope to see you soon. (Esperamos vê-lo(s) em breve.)

LISTEN AND REPEAT

Agora que você já sabe como pode variar a situação 5, repita algumas das possíveis combinações que aprendeu:

Are you a guest here?
What is your room number?
Here's the check.
Here's the bill.
No, sir. Would you like to include it?
Would you like to include service, sir?
Sign here, please...
Write your full name and sign here, please...
Write your full name, your room number and sign here, please...
Thank you. Have a nice day.
Thank you. Good night.
We hope to see you again.
We hope to see you soon.

EXERCISES

I. **Order**

Coloque as frases do garçom em ordem para executar o serviço desde o momento em que o cliente termina o prato principal até a despedida. Lembre-se: o cliente do restaurante é também hóspede do hotel onde o restaurante está localizado.

( )	Can I take your plates?
( )	Did you enjoy your dessert?
( )	Good night.
( )	Here is your coffee.
( )	Here's the check.
( )	May I clear the table?
( )	Was everything all right?
( )	We have chocolate cake, coconut tart, strawberry mousse and ice cream.
( )	We hope to see you again.

( )	Would you like a liqueur?
( )	Would you like some coffee?
( )	Would you like to include service?
( )	Would you like to see the dessert buffet?
( )	Write your full name and sign here, please.

II. Escreva as frases que mudam no roteiro acima se:

1. for hora do almoço.

   ____

2. não houver bufê de sobremesas.

   ____

3. o número do apartamento precisar constar da comanda.

   ____

4. o serviço já estiver incluído na conta.

   ____

THINK ABOUT

O restaurante em que você trabalha recebe muitos clientes estrangeiros? Você saberia dizer quais as nacionalidades mais frequentes? Que tal anotar durante uma semana quantos clientes estrangeiros atende e que partes dos diálogos aprendidos mais utiliza? Isso ajudará você a prestar mais atenção na qualidade de seu atendimento em inglês!

____
____
____
____
____
____
____
____

AQUECENDO

Antes de começar a aprender coisas novas, observe a ilustração e pense um pouco sobre as seguintes questões:

Esta situação acontece em minha rotina de trabalho?
Consigo pensar em uma forma adequada de resolver isso em português?
Eu sei me comunicar nesta situação em inglês? O que eu posso ou devo dizer?

LISTEN AND READ

SITUATION 6 Bringing the check to a walk-in customer

CUSTOMER: Waiter! Can we have the bill, please?
WAITER: Certainly, sir. Do you have the ticket for the parking?
CUSTOMER: Yes. Here it is.
WAITER: May I include it in the bill?
CUSTOMER: Yes. please. Do you accept *credit cards*?
WAITER: Yes, sir. We accept all cards.
CUSTOMER: Ok, here it is... Waiter, why is my credit card taking so long?
WAITER: There is a problem in the system, *Mr. Brown*.
Do you have another card?
CUSTOMER: Yes, here it is.
WAITER: Thank you, sir... Here you are. Sign here, please.

COMPREHENSION

Observe a situação 6 e responda verdadeiro (V) ou falso (F). No quadro abaixo, escreva a(s) palavra(s) que justifica(m) sua resposta. Observe o exemplo.

	VERDADEIRO OU FALSO?		JUSTIFIQUE
1.	O cliente está utilizando o estacionamento conveniado ao restaurante.	(V)	Yes. Here it is.
2.	O garçom pergunta se o cliente permite que o valor seja incluído na conta.	( )	
3.	Ele consente que o valor seja incluído.	( )	
4.	O cliente faz o pagamento com cheque.	( )	
5.	Há um problema com o cartão do cliente e por isso o garçom pede a ele outro cartão.	( )	
6.	O cliente não tem outro cartão.	( )	

VARIATIONS

O diálogo da situação 6 poderia ser diferente. Veja algumas das possíveis variações:

I. Para a pergunta "**Do you have the ticket for the parking?**", o cliente poderá responder apenas se tem ou não. Porém, para isso, ele pode utilizar diversas frases diferentes. Preste atenção em sua linguagem corporal e perceba se ele se movimenta para pegar ou procurar o tíquete do estacionamento. Tudo isso pode ajudar a compreender a resposta dele.

II. Se o estacionamento precisar ser pago separadamente ao manobrista, você não poderá fazer a pergunta "**May I include it in the bill?**". Em vez disso, você precisará informar: **You should pay for parking to the valet, sir.**

Há casos em que o restaurante carimba ou coloca um selo no tíquete apenas para que seja concedido um desconto. Ainda assim, é o cliente quem paga ao manobrista. Se precisar explicar isso ao cliente, você pode dizer esta frase logo depois da anterior: **This stamp gives you a discount.**

III. O cliente pode perguntar sobre as formas de pagamento: **How can I pay?** (Como posso pagar?)

Para essa pergunta, você responde, adequando a informação ao restaurante em que trabalha:
We accept cash, credit cards and check.

O cliente também pode perguntar se o restaurante aceita:

- cartão: **Do you accept credit cards?**
- moeda estrangeira: **Do you accept dollars?/ Do you accept euros?**
- cheque viagem: **Do you accept travelers' checks?**

Para essas perguntas, você diz apenas sim ou não, assim:
Yes, sir. We do.
No, sir. We don't./ I'm sorry, sir. We don't.

IV. Para a pergunta sobre os cartões, o cliente também pode utilizar o verbo *take*, assim: "**Do you take credit cards?**", e você pode informar quais cartões o restaurante aceita:
We accept all cards./ We take all cards.
We accept Visa and MasterCard.

V. Às vezes, por inúmeras razões, o sistema de processamento de cartões pode tornar-se lento. Nesses casos, o cliente provavelmente perguntará o porquê da demora ("**Why is my credit card taking so long?**").

Se, por alguma razão, o cartão do cliente não for aceito e ele não tiver outro cartão, você pode perguntar como ele gostaria de pagar:
How would you like to pay?

VI. Quando se atende um grupo, os clientes podem desejar contas separadas. Isso é bastante comum entre os estrangeiros. Nesse caso, ao pedirem a conta ou no momento de tirar o pedido, você pode perguntar:
Would you like separate checks?

VII. Caso o cliente não tenha vindo de carro, ele pode pedir um táxi ao garçom ou recepcionista do restaurante. Ele vai provavelmente dizer algo como:
Can you get me a cab?
Can you call me a taxi?

Depois de providenciar um, você pode avisá-lo quando o táxi chegar, dizendo:
Your taxi is here, sir.
Your cab is here, sir.

LISTEN AND REPEAT

Agora que você já sabe como pode variar a situação 6, repita algumas das possíveis combinações que aprendeu:

Do you have the ticket for the parking?
May I include it in the bill?
You should pay for parking to the valet, sir.
This stamp gives you a discount.
We accept cash, credit cards and check.
Yes, sir. We do.
No, sir. We don't.
I'm sorry, sir. We don't.
We accept all cards.
We take all cards.
We accept Visa and MasterCard.
There is a problem in the system, Mr. Brown. Do you have another card?
How would you like to pay?
Would you like separate checks?
Your taxi is here, sir.
Your cab is here, sir.

EXERCISES

I. **Order and match**

Ordene as palavras para formar as frases e depois ligue às suas funções:

a. separate / like / you / would / checks / ? ______	( ) Perguntar como gostaria de pagar.
b. how / you / would / like / to pay / ? ______	( ) Solicitar o tíquete do estacionamento.
c. is / number / what / room / your / ? ______	( ) Informar um problema no processamento do cartão.
d. again / to / we / hope / see / you / . ______	( ) Perguntar se quer(em) incluir o serviço.
e. for / have / you / the ticket / the parking / do / ? ______	( ) Solicitar número do apartamento.

f. is / the system / there / a problem / in/ . ______________________	( ) Perguntar se deseja(m) contas separadas.
g. like / would / you / service / to include / ? ______________________	( ) Afirmar que esperam vê-lo(s) novamente.

II. **Select**

Nos parênteses, escreva 1 para as frases usadas no diálogo da conta quando o cliente é hóspede e 2 quando o cliente é passante. Em alguns casos, será possível escrever os dois números.

( )	Are you a guest here?
( )	Have a nice day.
( )	Here is the check.
( )	We accept all cards.
( )	Your taxi is here.
( )	Do you have the ticket for the parking?
( )	Please write your full name and sign.
( )	Would you like separate checks?
( )	What is your room number?
( )	Do you have another card?
( )	Thank you.
( )	You should pay for parking to the valet.
( )	How would you like to pay?

THINK ABOUT

Lembre-se de uma conversa recente sua com um cliente estrangeiro no momento de fechamento da conta e procure reproduzi-la aqui. Utilize tudo o que aprendeu.

____

____

____

____

____

____

____

VOCABULARY

DESSERT

LISTEN AND REPEAT

EXERCISE

Match the pictures to the names.

Ligue as figuras aos seus nomes utilizando os números que estão nos quadros. Alguns nomes listados abaixo não têm figuras correspondentes.

[ ] apple strudel	strudel de maçã
[ ] brownie	brownie
[ ] cake	bolo
[ ] chocolate lava cake/ (chocolate) fondant/ molten chocolate cake	petit gateau
[–] chocolate soufflé	suflê de chocolate
[ ] cream caramel/ caramel custard	pudim de leite

[ ] crumble	*crumble* (sobremesa assada geralmente feita de frutas, manteiga, farinha e açúcar)
[ ] flambé	flambado
[ ] ice cream	sorvete
[ ] mousse	musse
[ ] pie	torta
[–] preserve	conserva
[ ] pudding	pudim
[ ] tart	*tarte* (torta sem cobertura de massa)
[–] tiramisu	tiramisu
[–] trifle	*trifle* (geralmente feito de creme, frutas, pão de ló e chantili em camadas

DESSERT CHARACTERISTICS

LISTEN AND REPEAT

Aprenda a dizer algumas características das sobremesas

diet [dietético]
light [light]
covered with/ topped with [coberto(a) com]
filled with [recheado(a) com]
in layers [em camadas]
mixed with [misturado(a) com]

FRUIT

LISTEN AND REPEAT

1

2

3

4

5

6
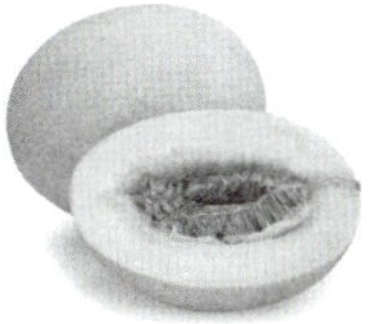

7

8

9
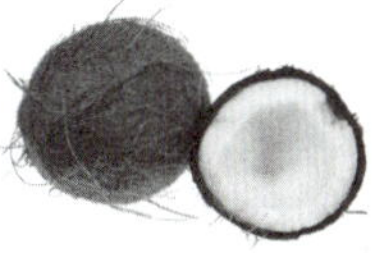

10

11

12

13

14

15

16

17

18

19

20

21

22

23

24

25

26

27
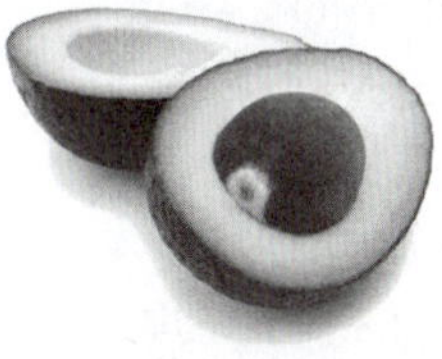

28

29

30

31

32

33

34

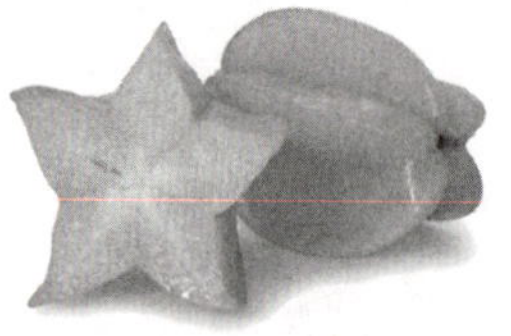

EXERCISE

Match the pictures to the names.

Ligue as figuras aos seus nomes utilizando os números que estão nos quadros. Uma das palavras listadas abaixo não tem uma figura correspondente no quadro. Observe o exemplo e tente fazer isso sem olhar as traduções da lista abaixo.

[1] apple [maçã]
[ ] apricot [damasco]
[ ] avocado [abacate]
[ ] banana [banana]
[ ] blackberry [amora]
[ ] cantaloupe [melão de casca verde]
[ ] cashew [caju]
[ ] cherry [cereja]
[ ] coconut [coco]
[ ] custard apple/ sugar apple [fruta do conde/ pinha]
[ ] fig [figo]
[ ] fruit salad [salada de frutas]
[ ] grapefruit [grapefruit]
[ ] grapes [uvas]
[ ] guava [goiaba]
[ ] kiwi (fruit) [kiwi]
[ ] lemon [limão de casca amarela]
[ ] litchi/ lychee [lichia]
[ ] mango [manga]
[ ] melon/ honeydew [melão amarelo]
[ ] nectarine [nectarina]
[ ] orange [laranja]
[ ] papaya [(mamão) papaia]
[ ] passion fruit [maracujá]
[ ] peach [pêssego]
[ ] pear [pera]
[ ] persimmon [caqui]
[ ] pineapple [abacaxi]
[ ] plum [ameixa]
[ ] pomegranate [romã]
[ ] raspberry [framboesa]
[ ] star fruit [carambola]
[ ] strawberry [morango]
[ ] tangerine [tangerina/ mexerica]
[ ] watermelon [melancia]

ICE CREAM FLAVORS

LISTEN AND REPEAT

Aprenda os nomes de alguns sabores de sorvete.

chocolate [chocolate]
chocolate flakes [flocos]
chocolate chips [pedaços de chocolate]
pistachio [pistache]
vanilla [creme]

SAUCES AND TOPPINGS

LISTEN AND REPEAT

Estude nomes para algumas caldas e coberturas.

caramel [caramelo]
chocolate [chocolate]
hot fudge [chocolate quente]
marshmallow [marshmallow]
strawberry [morango]
syrup [xarope]
raspberry [framboesa]
whipped cream [chantili]

DESSERT INGREDIENTS

LISTEN AND REPEAT

Aprenda a dizer alguns que compõem as sobremesas.

biscuits [biscoitos]
butter [manteiga]
eggs [ovos]
flour [farinha]
milk [leite]
pastry [massa folhada]
sponge cake [pão de ló]
sugar [açúcar]

COFFEE

LISTEN AND REPEAT

Aprenda o vocabulário referente aos tipos de café

American coffee [café americano (mais fraco, servido em xícara grande)]
black coffee [café preto]
cappuccino [capuccino]
coffee and cream [café com creme]
decaf (decaffeinated) [descafeinado]
espresso coffee [café expresso]
Nespresso [Nespresso]
regular coffee [café de coador]
white coffee [café com leite]

TEA / INFUSIONS

LISTEN AND REPEAT

Estude alguns nomes de chás e infusões.

anise [erva-doce]
black [chá preto]
chamomile [camomila]
Darjeeling [tipo de chá indiano]
Earl grey [tipo de chá inglês]
English breakfast [tipo de chá inglês]
fruit [fruta]
green [verde]
herb [erva]
jasmine [jasmim]
lemon grass [erva-cidreira]
mint [menta]
peppermint [hortelã]
spice [especiarias (ex.: canela)]
yerba mate [mate]

LIQUEUR

LISTEN AND REPEAT

Amaretto
Amarula
Bailey's
Cointreau
Cuarenta e Tres
Frangelico
Peach Tree

BASICS

NUMBERS III: FROM ONE THOUSAND (1000) TO TEN THOUSAND (10,000)

LISTEN AND REPEAT

FROM 1,000 TO 10,000		FROM 1,000 ON - EXAMPLES	
1,000	one thousand	**1,001**	one thousand and one
2,000	two thousand	**2,010**	two thousand and ten
3,000	three thousand	**3,054**	three thousand and fifty-four
4,000	four thousand	**4,123**	four thousand one hundred and twenty-three
5,000	five thousand	**5,017**	five thousand and seventeen
6,000	six thousand	**6,700**	six thousand seven hundred
7,000	seven thousand	**7,905**	seven thousand nine hundred and five
8,000	eight thousand	**8,330**	eight thousand three hundred and thirty
9,000	nine thousand	**9,090**	nine thousand and ninety
10,000	ten thousand	**10,002**	ten thousand and two
		50,912	fifty thousand nine hundred and twelve
		97,000	ninety-seven thousand
		100,000	one hundred thousand

For prices we say:

ő US$ 0,25: twenty five cents (real / dollar)
ő US$ 1,05: one dollar and five cents / one-o-five
ő R$ 3,20: three reais and twenty cents / three-twenty
ő US$ 47,00: forty seven dollars
ő R$ 58,00: fifty eight reais
ő US$ 739,00: seven hundred and thirty nine dollars

- R$ 399,00: three hundred and ninety nine reais
- US$ 2,800,00: two thousand eight hundred dollars/ twenty-eight hundred dollars
- R$ 6.100,00: six thousand one hundred reais/ sixty-one hundred reais

EXERCISES

I. Look at the example and write these numbers:

Leia e escreva o número, como no exemplo.

1. two thousand and three	2003	8. seven thousand two hundred and fifty	
2. ten thousand and thirty		9. five thousand seven hundred and nine	
3. six thousand and five hundred		10. thirty thousand eight hundred and eighty	
4. eight thousand and fifteen		11. one thousand four hundred and seventy	
5. three thousand one hundred		12. four thousand three hundred and ten	
6. twenty thousand six hundred		13. nine thousand nine hundred and forty-two	
7. fourteen thousand		14. one hundred thousand	

II. Use numbers **and** words.

Escreva usando os numerais e as palavras.

Write the year you were born: (o ano em que você nasceu)

____

____

GLOSSARY 4

FUNCTION	ENGLISH	SIT	PORTUGUESE	PROFESSIONAL TIPS
Pedir permissão para limpar a mesa	May I clear the table?	1	Posso limpar a mesa?	Você pode usar essa frase com ou sem *now*.
Oferecer sobremesa	Would you like (to order) dessert now?/ Would you like to see the dessert menu?	1	Gostaria de (pedir) uma sobremesa agora? Gostaria de ver o cardápio de sobremesas agora?	
Recomendar doce ou fruta	The chocolate cake is nice.	1	O bolo de chocolate é bom.	
Informar sobre opções diet ou light	Yes, the lemon mousse is diet/ light./ We have fruit.	1	Sim, a torta de maçã é dietética/ light./ Temos frutas.	Cuidado com a diferença entre light e diet!

FUNCTION	ENGLISH	SIT	PORTUGUESE	PROFESSIONAL TIPS
Oferecer outra opção	The mango is nice too.	1	A manga é boa também.	Sempre que possível ofereça pelo menos duas sugestões.
Verificar como foi o serviço	Was everything all right?	2	Estava tudo em ordem?/ Estava tudo bem?	
Verificar se ele gostou do prato	How was the fish?/ Did you enjoy your dessert?/ your meal?/ your steak?/ your lunch?	2/3	Como estava o peixe?/ Gostou da sobremesa?/ da refeição?/ da carne?/ do almoço?	
Perguntar se gostaria de ver o bufê/ carrinho de sobremesa	Would you like to see the dessert buffet/ cart?	2	Gostaria de ver o bufê/ carrinho de sobremesa?	
Informar as sobremesas do bufê/ carrinho.	We have chocolate mousse, apple pie, coconut cake, strawberry crumble and caramel custard.	2	Temos musse de chocolate, torta de maçã, bolo de coco, *crumble* de morango e pudim de leite.	Nem sempre o garçom está disponível para acompanhar o cliente ao bufê e apresentá--lo. No entanto, se o restaurante trabalhar com o carrinho de sobremesas, ele deverá ser apresentado.
Informar os sabores de sorvete.	We have chocolate, chocolate flakes, strawberry, pistachio...	2	Temos chocolate, flocos, morango, pistache...	
Pedir permissão para tirar o(s) prato(s)	Can I take your plate(s)?	3	Posso tirar o(s) prato(s) ?	Esta frase pode ser utilizada no lugar de "May I clear the table?"
Oferecer café e/ou chá	Would you like some coffee?/ more coffee?/ some tea?/ some tea or coffee?	3	Gostaria de (mais um) café?/ chá? /café ou chá?	
Informar sobre café	We have Nespresso	3	Temos Nespresso.	
Oferecer um café especial	Would you like one?	3	Gostaria de um (Nespresso)?	Esta pergunta serve para oferecer qualquer coisa que você tenha apresentado na frase anterior.
Informar sobre tipos de café servidos	We have espresso, cappuccino and Nespresso.	3	Temos café expresso, cappuccino e Nespresso.	
Entregar algo	Here it is./ they are.	3	Aqui está./ estão.	
Dizer quando vai trazer algo	I'll bring it right away./ in a few minutes.	3	Trarei imediatamente./ em alguns minutos.	

FUNCTION	ENGLISH	SIT	PORTUGUESE	PROFESSIONAL TIPS
Informar os tipos de chá	We have chamomile, black, mint and jasmine.	4	Temos camomila, chá preto, menta e jasmim.	
Oferecer leite ou limão para o chá	Milk or lemon?	4	Leite ou limão?	
Informar que trará a caixa (de chá)	I'll bring you the box.	4	Trarei a caixa.	Você pode dizer quais os sabores de chá ou trazer a caixa para que o cliente escolha.
Oferecer um licor	Would you like a liqueur/ an after dinner drink?	4	Gostaria de um licor?	
Entregar a conta	Here's the check/ bill.	5	Aqui está a conta.	
Orientar sobre a assinatura da comanda	Write your full name (room number) and sign here.	5	Escreva seu nome completo (número de apartamento) e assine.	
Perguntar sobre o serviço	Would you like to include service?/ it ?	5	Gostaria de incluir o serviço?/ incluí-lo?	
Agradecer	Thank you.	5	Obrigado(a).	
Ao despedir-se	We hope to see you again./ soon	5	Esperamos vê-lo(s) novamente./ em breve	Utilize as frases sempre de acordo com os procedimentos orientados pelo restaurante.
Verificar se tem carro no estacionamento	Do you have the ticket for the parking?	6	O(A) senhor(a) tem o tíquete do estacionamento?	
Perguntar se permite que inclua o valor do estacionamento na conta	May I include it in the bill?	6	Posso incluí-lo na conta?	Em algund restaurantes, é possível incluir o valor do estacionamento na conta.
Informar sobre pagamento do estacionamento	You should pay for parking to the valet./ This stamp gives you a discount.	6	O(A) senhor(a) deve pagar o estacionamento ao manobrista./ Este carimbo/ selo lhe dá um desconto.	
Informar sobre formas de pagamento	We accept cash, credit cards and check.	6	Aceitamos dinheiro, cartões e cheque.	
Informar sobre cartões	We accept/ take all cards./ Visa and MasterCard.	6	Aceitamos todos os cartões./ Visa and MasterCard.	

FUNCTION	ENGLISH	SIT	PORTUGUESE	PROFESSIONAL TIPS
Informar que há um problema no sistema	There is a problem in the system.	6	Há um problema no sistema.	
Pedir outro cartão	Do you have another card?	6	O(A) senhor(a) tem outro cartão?	Se o cartão do cliente não finalizar a transação por algum problema, verifique se ele tem outro cartão.
Perguntar sobre forma de pagamento	How would you like to pay?	6	Como gostaria de pagar?	
Perguntar se gostaria de contas separadas	Would you like separate checks?	6	Gostaria de contas separadas?	
Informar sobre táxi	Your taxi/ cab is here.	6	Seu táxi está aqui.	

BONUS 4

Escolha uma sequência de atendimento e construa um diálogo. Em seguida, utilizando o glossário, confira suas frases.

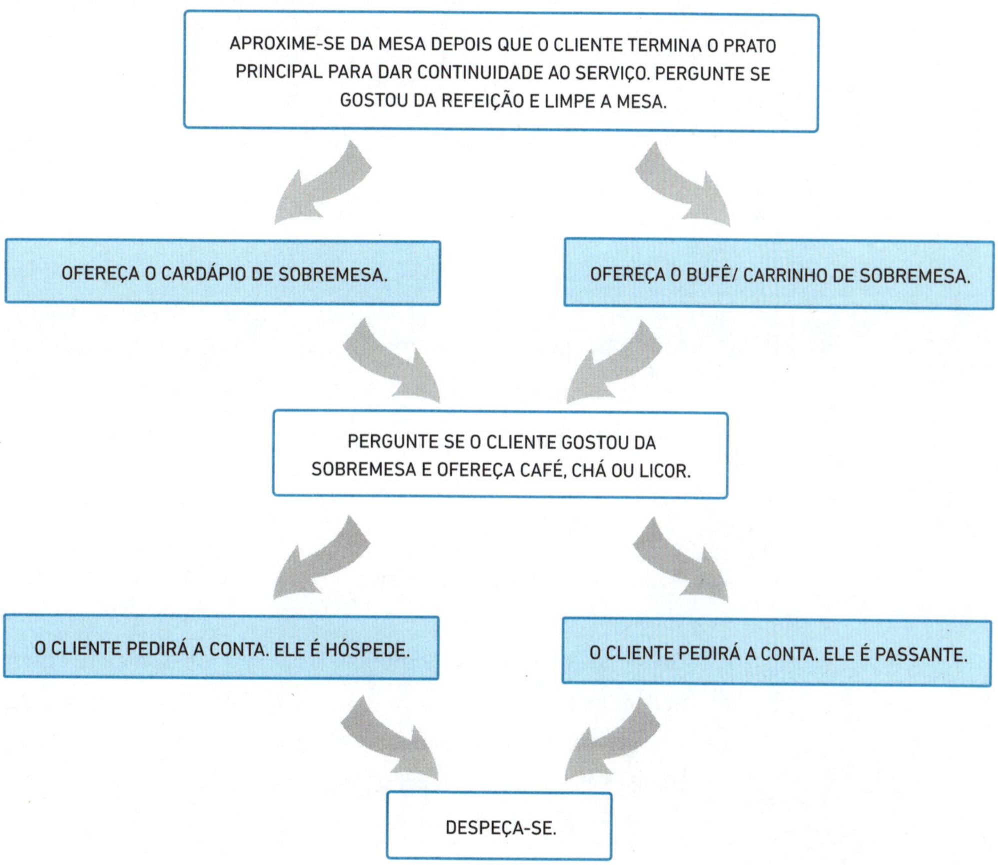

Waiter: ______________________________
Customer: ______________________________

Waiter: ______________________________
Customer: ______________________________

Waiter: ______________________________
Customer: ______________________________

Waiter: ______________________________
Customer: ______________________________

QUIZ 4

DESAFIO

Faça o teste abaixo. Se você acertar pelo menos oito das dez questões, siga para o capítulo 5. Se acertar menos que isso, por que não faz a revisão da página anterior novamente?

EXERCISE I

Listen to the customer's requests and mark the correct answer:

1. a. The strawberry juice is nice. b. The raspberry pie is very nice. c. Would you like dessert now? d. Would you like some coffee? e. The lasagna is very nice.	**4.** a. Yes, the lemon mousse is nice. b. Yes, the lemon mousse is light. c. Yes, the lemon juice is diet. d. Yes, the lemon mousse is diet. e. Would you like a diet dessert?
2. a. We have chocolate, strawberry, coconut... b. I'm sorry. We don't have it tonight. c. Milk or lemon? d. Cream and whipped cream. e. We have chamomile, black and green.	**5.** a. Yes, ma'am. May I help you? b. Yes, ma'am. I'm sorry. c. Yes, ma'am. I'll bring it right away. d. Yes, would you like some more coffee? e. We have tea. Would you like one?

3.

a. Only Visa and MasterCard.
b. We accept all cards, ma'am.
c. May I help you?
d. How would you like to pay?
e. There is a problem in the system. Do you have another card?

6.

a. Yes, ma'am. We have mint, chamomile...
b. Certainly, ma'am. We don't have it today.
c. Yes, ma'am. Would you like some coffee?
d. Yes, ma'am. Would you like a liqueur?
e. Yes, ma'am. The mango is nice and the watermelon is nice too.

EXERCISE II

Listen to the customer's request and put the number next to the corresponding picture. Two pictures will be left out on purpose:

A
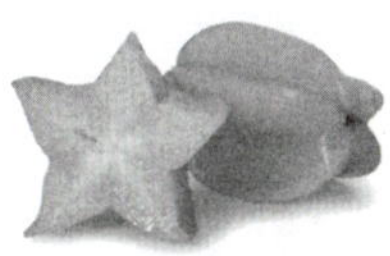
(   )

B

(   )

C

(   )

D

(   )

E

(   )

F

(   )

Seus acertos: ____

CHAPTER 4 – ANSWERS

ANSWERS

SITUATION 1

COMPREHENSION

1.	(F)	May I clear the table?
2.	(F)	Sure, I'm finished.
3.	(V)	What do you recommend?
4.	(F)	The chocolate cake is nice.
5.	(V)	Is there a light dessert?
6.	(F)	I'll have watermelon.

EXERCISES

I. 5, 3, 1, 6, 2, 7, 8, 4, 9

II. 1.c, 2.b, 3.a, 4.b, 5.a

THINK ABOUT

Resposta pessoal

SITUATION 2

COMPREHENSION

1.	(V)	Yes, go ahead.
2.	(V)	Would you like to see the dessert buffet?
3.	(V)	Would you like to see the dessert buffet?
4.	(F)	Follow me, please...
5.	(F)	I think I'd prefer ice cream.
6.	(V)	I'll have two scoops of vanilla ice cream with whipped cream.

EXERCISES

I. Respostas sugeridas

1. We have a ___nice___ ___apple___ pie.
2. We have a ___nice___ ___lemon___ tart.
3. We ___have___ a nice ___chocolate___ cake.
4. ___We___ have ___a___ nice ___mango___ mousse.

ANSWERS

5. We have a nice apple strudel.
6. The passion fruit mousse is diet.

II. Respostas pessoais.

III. Respostas pessoais.

THINK ABOUT

Resposta pessoal

SITUATION 3

COMPREHENSION

1.	(F)	It was delicious.
2.	(V)	Can I take your plates?
3.	(F)	Would you like some coffee?
4.	(V)	I'll have an espresso
5.	(V)	Can I have some more coffee?
6.	(F)	I'll bring it right away.

EXERCISES

I. h, i / a / g / b, f / d

II. 1.b, 2.a, 3.b, 4.c

THINK ABOUT

Resposta pessoal

SITUATION 4

COMPREHENSION

1.	(V)	Yes, sir. And you, sir?
2.	(V)	I'll have mint.
3.	(F)	No coffee or tea for me.
4.	(V)	Would you like a liqueur?
5.	(F)	No, thanks.
6.	(F)	Yes, I'll have a Frangelico.

ANSWERS

EXERCISES

I. b, –, a, e, f, d, c

II. b, d, a, e, c, –, f

THINK ABOUT

1. Resposta pessoal

2. Would you like a liqueur? Would you like an after dinner drink?

SITUATION 5

COMPREHENSION

1.	(V)	Can you bring us the check?
2.	(F)	Write your full name and sign here
3.	(F)	Is service included?
4.	(F)	Yes, sir.
5.	(F)	Have a nice day.

EXERCISES

I. 6, 5, 13, 8, 10, 2, 1, 4, 14, 9, 7, 12, 3, 11

II.

a. Have a nice day.

b. Would you like to order dessert now?

c. Write your full name, room number and sign here, please.

d. tirar: Would you like to include service?

THINK ABOUT

Resposta pessoal

SITUATION 6

COMPREHENSION

1.	(V)	Yes. Here it is
2.	(V)	May I include it in the bill?

ANSWERS

3.	(V)	Yes, please.
4.	(F)	Do you accept credit cards?
5.	(V)	There is a problem in the system. Do you have another card?
6.	(F)	Yes, here it is...

EXERCISES

I. b, e, f, g, c, a, d

II. 1/2, 1/2, 1/2, 2, 2, 2, 1, 1/2, 1, 2, 1/2, 2, 2

THINK ABOUT

Resposta pessoal

VOCABULARY

Dessert: 6, 10, 8, 3, –, 1, 11, 5, 2, 4, 12, –, 9, 7, –, –

Fruit: 1, 23, 27, 21, 31, 25, 5, 16, 9, 24, 29, –, 28, 13, 33, 17, 22, 32, 2, 6, 20, 10, 14, 18, 3, 26, 4, 7, 8, 12, 30, 34, 11, 19, 15

BASICS

Numbers from one thousand (1,000) to ten thousand (10,000)

I.

2,003	7,250
10,030	5,709
6,500	30,880
8,015	1,470
3,100	4,310
20,600	9,942
14,000	100,000

II.
Resposta pessoal

BONUS 4

Resposta pessoal

ANSWERS

QUIZ 4

TAPESCRIPT	RESPOSTA	DICA DA PROFESSORA
EXERCISE I		
1. What do you recommend for dessert?	b	"Juice" não é sobremesa.
2. What flavor ice cream do you have?	a	Recomende sabores de sorvete.
3. Waiter, why is my credit card taking so long?	e	Justifique-se da demora.
4. Is there a diet dessert?	d	Diet e light são diferentes.
5. Could you bring me some more coffee?	c	O cliente já pediu mais café.
6. Well, I'd rather have tea.	a	Ofereça os chás que você tem.
EXERCISE II		
1. The **strawberry** is delicious.	f	
2. Please bring me some **pineapple**.	c	
3. The **star fruit** is nice today.	a	
4. I'd like some **figs**, please.	e	

CHAPTER 5

BAR AND BREAKFAST

O capítulo 5 tem dois temas importantes: bebidas e café da manhã. No serviço de bar, a descrição das bebidas e suas características é um dos assuntos abordados. O café da manhã servido em eventos e em hotéis também merece nossa atenção. Veja a seguir o que você vai aprender neste capítulo.

SITUATIONS
Aqui estão as situações do capítulo

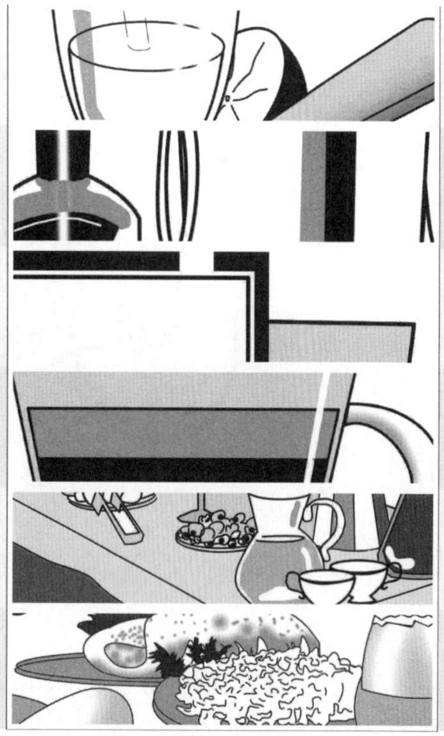

AQUECENDO

Antes de começar a aprender coisas novas, observe a ilustração e pense um pouco sobre as seguintes questões:

Esta situação acontece em minha rotina de trabalho?

Consigo pensar em uma forma adequada de resolver isso em português?

Eu sei me comunicar nesta situação em inglês? O que eu posso ou devo dizer?

LISTEN AND READ

SITUATION 1

Offering caipirinha

WAITER: Good afternoon, sir. How are you today?

CUSTOMER: *Fine, thanks. And you?*

WAITER: Very well, sir. What would you like to drink?

CUSTOMER: *I'd like to try something typically Brazilian.*

WAITER: How about *caipirinha*?

CUSTOMER: *What's it made of?*

WAITER: We crush lime and sugar. Add ice and cachaça, a sugarcane spirit. Would you like to try it?

CUSTOMER: *Yes, we'll both try that.*

WAITER: Yes, sir. Excuse me... Here you are.

STUDY
Drink Preparation and Bar items, pages 232 and 233.

COMPREHENSION

Observe a situação 1 e responda verdadeiro (V) ou falso (F). No quadro ao lado, escreva a(s) palavra(s) que justifica(m) sua resposta. Observe o exemplo.

	VERDADEIRO OU FALSO?		JUSTIFIQUE
1.	O garçom pergunta ao cliente o que ele quer beber.	(V)	What would you like to drink?
2.	O cliente gostaria de experimentar algo tipicamente brasileiro.	( )	
3.	O garçom sugere piña colada.	( )	
4.	O cliente conhece a caipirinha.	( )	
5.	O garçom explica como é feita a caipirinha.	( )	
6.	Os clientes decidem experimentar.	( )	

ATENÇÃO

Na resposta "*We'll both try that.*", há uma palavra que indica que serão dois drinks: a palavra *both* significa ambos.

VARIATIONS

O diálogo da situação 1 poderia ser diferente. Veja algumas das possíveis variações:

I. Você pode utilizar a pergunta "**How are you ?**" para receber o cliente.
Provavelmente ele responderá algo como: "**I'm fine, thank you.**", "**I'm ok.**", "**I'm well.**" ou "**I'm very well.**"
É possível que ele pergunte o mesmo a você, e você poderá responder da mesma forma.

II. Algumas formas que o cliente pode utilizar para perguntar sobre uma bebida ou comida são:
What is caipirinha? (O que é?)
What's it made of? (Do que é feito(a)?)
How do you prepare it? (Como é preparado(a)?)

III. Para descrever uma bebida, você pode dizer o que faz para prepará-la, como na situação 1, pode orientá-lo a fazer ou apenas listar seus ingredientes. Veja:
We crush lime and sugar, add ice and sugar cane spirit.

Crush lime and sugar, add ice and sugar cane spirit.
Lime, sugar, ice and sugar cane spirit.

IV. Alguns clientes podem aceitar a caipirinha com açúcar ("with sugar"), outros podem pedir sem açúcar. Veja:
Can I have a caipirinha without sugar?

Nesse caso, você poderá oferecer adoçante. Observe:
(Certainly, ma'am.) Would you like sweetener instead?

V. Outra pedido que o cliente pode fazer é que a caipirinha seja coada, assim, por exemplo: *Can you strain it?* ou *Could you strain it?*

LISTEN AND REPEAT

Agora que você já sabe como pode variar a situação 1, repita algumas das possíveis combinações que aprendeu:

How are you today?
I'm fine.
I'm ok.
I'm well.
I'm very well.
What would you like to drink?
We crush lime and sugar, add ice and sugar cane spirit.
Crush lime and sugar, add ice and sugar cane spirit.
Lime, sugar, ice and sugar cane spirit.
Would you like sweetener instead?
Would you like to try it?

EXERCISES

I. **Same or different?**
Leia trechos de duas conversas entre um garçom e um cliente. A situação resolve-se da mesma forma (=) ou de forma diferente (≠) nesses pares de conversas?

1.

CONVERSATION A

Waiter:	Good evening, ma'am. Would you like a drink?
Customer:	Well, I'm not sure...

CONVERSATION B

Waiter:	Good evening, ma'am. What would you like to drink?
Customer:	I'll have a Coke, please.
Waiter:	Certainly, ma'am.

Conversation A and B. Same or different? (   )

2.

CONVERSATION A

Customer:	Waiter, please. I'd love to drink something typically Brazilian. What do you suggest?
Waiter:	How about caipirinha?
Customer:	That's a good idea!

CONVERSATION B

Waiter:	Waiter, please. Can you recommend a typical Brazilian drink?
Customer:	Yes, ma'am. We have caipirinha. Would you like to try it?
Waiter:	Yes, please.

Conversation A and B. Same or different? (   )

3.

CONVERSATION A

Customer:	Waiter, what is caipirinha?
Waiter:	Lime, sugar, ice and cachaça, a Brazilian sugarcane spirit.
Customer:	Ummm.

CONVERSATION B

Waiter:	Waiter, how do you prepare caipirinha?
Customer:	Well, we crush lime and sugar, add ice and cachaça.
Waiter:	Sounds good!

Conversation A and B. Same or different? (   )

II. **Research**

Utilize o cardápio de bar de seu local de trabalho e escolha quatro bebidas tradicionais da lista abaixo para descrever.

TOM COLLINS
TEQUILA SUNRISE
DRY MARTINI
PIÑA COLADA
SANGRIA
MOJITO
ALEXANDER
MARGARITA

Observe o exemplo: *Piña colada:* rum, pineapple juice, coconut milk and sugar.

_______________ : ____

_______________ : ____

_______________ : ____

_______________ : ____

THINK ABOUT

Seja você um bartender ou um curioso, a internet é uma grande pedida para aprender mais sobre esse assunto. Há muitos sites em inglês que falam sobre a divertida arte de preparar drinks.

____

____

____

____

____

____

AQUECENDO

Antes de começar a aprender coisas novas, observe a ilustração e pense um pouco sobre as seguintes questões:

Esta situação acontece em minha rotina de trabalho?

Consigo pensar em uma forma adequada de resolver isso em português?

Eu sei me comunicar nesta situação em inglês? O que eu posso ou devo dizer?

LISTEN AND READ

SITUATION 2

Ordering whisky

WAITER: What would you like to drink, sir?

CUSTOMER: I'll have *a scotch.*

WAITER: What brand would you like, sir?

CUSTOMER: *Which brands do you have?*

WAITER: We have Johnny Walker, Chivas, J&B...

CUSTOMER: *I'll have a J&B, please.*

WAITER: How would you like your scotch, sir?

CUSTOMER: *On the rocks.*

WAITER: Certainly, sir. Would you like something to eat?

CUSTOMER: What do you have?

WAITER: We have *cheese and cold cuts platter, carpaccio, canapés, sandwiches...*

CUSTOMER: Give me a *cheese platter* and *some bread*, please.

Waiter: Yes, sir.

STUDY *Whisky*, page 234.

STUDY *Nuts and Bar appetizers*, pages 234 and 235.

COMPREHENSION

Observe a situação 2 e responda verdadeiro (V) ou falso (F). No quadro ao lado, escreva a(s) palavra(s) que justifica(m) sua resposta. Observe o exemplo.

	VERDADEIRO OU FALSO?		JUSTIFIQUE
1.	O cliente pede caipirinha.	(F)	I'll have a scotch.
2.	O cliente pede seu uísque com água.	( )	
3.	O garçom oferece o cardápio.	( )	
4.	O garçom lista o que há de aperitivos.	( )	
5.	Entre os aperitivos, o garçom oferece uma tábua de queijos e frios.	( )	
6.	O cliente não quer comer nada.	( )	

VARIATIONS

O diálogo da situação 2 poderia ser diferente. Veja algumas das possíveis variações:

I. Para pedir um uísque, o cliente pode dizer "**I'll have a scotch.**", como na situação 2, ou pedir pelo nome do uísque.

I'll have a Ballantine's, please.
Give me a red label, please.
I'd like a Buchanan's.

Se ele não disser mais nada, você vai precisar perguntar:
How would you like your scotch, sir?

O mais comum é que ele já peça completo, "**Give me a Chivas on the rocks, please.**". Por isso, é importante ouvir!

II. Se você trabalhar em um bar, é recomendável que ofereça algo para comer neste momento. Você tem algumas opções, veja:
Perguntas mais gerais:
Would you like something to eat?
Would you like an appetizer?
Would you like to see the (bar) menu?

Perguntas mais específicas:

ATENÇÃO

Aqui os *appetizers* que vimos no capítulo 2 também podem entrar:
Would you like some nuts?
Would you like a sandwich?
Would you like some pizza?

III. Alguns restaurantes e bares, inclusive dentro de hotéis, oferecem uma cortesia ao cliente. Para explicar isso, quando for entregá-la, diga:
This is on the house.

IV. Nos hotéis, o que for consumido em bares e restaurantes pode ser debitado da conta do apartamento. Porém, em alguns casos, o hóspede pode decidir pagar na hora. Se esse for o caso, você pode perguntar ao hóspede o que ele prefere, assim:
Would you like to pay cash or charge it to your room?
Cash or charge, sir?
Dependendo do que ele responder, você vai dar uma continuidade diferente.

LISTEN AND REPEAT

Agora que você já sabe como pode variar a situação 2, repita algumas das possíveis combinações que aprendeu:

What brand would you like, sir?
How would you like your scotch, sir?
Would you like something to eat?
Would you like an appetizer?
Would you like to see the (bar) menu?
Would you like some nuts?
Would you like a sandwich?
Would you like some pizza?
We have cheese and cold cuts platter, carpaccio, canapés, sandwiches.
This is on the house.
Would you like to pay cash or charge it to your room?
Cash or charge, sir?

EXERCISES

I. **Mark the correct alternative**

Escolha a alternativa correta para completar a conversa de forma adequada. Lembre-se: nas situações abaixo, o cliente está falando primeiro. Observe o exemplo.

Customer: ( )	I'd like a table, please.
Customer: (×)	I'll have a Coke, please.
Customer: ( )	How long will it take?
WAITER:	Yes, sir. Here's the menu.

1. Customer: ( )	a.	I'd like to order wine, please.
Customer: ( )	b.	I want to see the menu, please.
Customer: ( )	c.	Can I have an appetizer?
WAITER:	Certainly, ma'am. We have turnovers and a cheese platter.	

2. Customer: ( )	a.	Bring me a scotch, please
Customer: ( )	b.	I'll have a Chivas, please.
Customer: ( )	c.	Can I have a Buchanan's with soda, please?
WAITER:	How would you like your scotch?	

3. Customer: ( )	a.	Bring me a scotch, please.
Customer: ( )	b.	I'll have a Chivas, please.
Customer: ( )	c.	Can I have a Buchanan's with soda, please?
WAITER:	Which brand would you like?	

4. Customer: ( )	a.	Bring me a scotch, please.
Customer: ( )	b.	I'll have a Chivas, please.
Customer: ( )	c.	Can I have a Buchanan's with soda, please?
WAITER:	Yes, ma'am. Would you like something to eat?	

5. **Customer:** ( )	a.	What brands do you have?
Customer: ( )	b.	What kinds do you have?
Customer: ( )	c.	What flavors do you have?
WAITER:	Ballantine's, Jim Bean, Jack Daniels and Dimple.	

6. **Guest:** ( )	a.	Please, bring it to my table.
Guest: ( )	b.	Please, charge it to my room.
Guest: ( )	c.	Please, put this tray on the bed.
WAITER:	Yes, sir. Your room number, please?	

7. **Guest:** ( )	a.	I'm a guest here.
Guest: ( )	b.	I'd like to pay cash, please.
Guest: ( )	c.	Please, charge it to my room.
WAITER:	Yes, sir. It's R$20,00	

II. **Research**

Utilizando o cardápio de bar de seu local de trabalho e as palavras que aprendeu em *Nuts* e *Bar appetizers*, liste aqui alguns dos aperitivos que você serve, em inglês.

Observe: *codfish cake* = bolinho de bacalhau. Se você não tem bolinho de bacalhau, mas tem bolinho de carne seca, como pode dizer? Sim! *Jerked beef cake*.

____

____

____

THINK ABOUT

Quais itens são cortesia no local em que você trabalha?

Para todos eles, você pode usar a frase "This is on the house.".

____

____

____

____

____

____

____

AQUECENDO

Antes de começar a aprender coisas novas, observe a ilustração e pense um pouco sobre as seguintes questões:

Esta situação acontece em minha rotina de trabalho?

Consigo pensar em uma forma adequada de resolver isso em português?

Eu sei me comunicar nesta situação em inglês? O que eu posso ou devo dizer?

LISTEN AND READ

SITUATION 3

Recommending wine

WAITER: Excuse me, sir. Would you like to see the wine list?

CUSTOMER 1: Yes, please.

WAITER: Here's the list. May I recommend a wine?

CUSTOMER 1: Yes, please.

WAITER: *What are you planning to eat?*

CUSTOMER 1: *I can't decide between the steak and the pesto pasta.*

WAITER: If you have *the steak*, I recommend a *cabernet*. It's *dry and full-bodied*. If you eat *the pasta*, I suggest a *merlot*. It's *soft and medium bodied*.

STUDY *Wine characteristics,* page 236.

CUSTOMER 1: All right. I'll have the steak and the cabernet, half a bottle, please.

WAITER: Would you like some water?

CUSTOMER 1: Yes, sparkling water, please...

WAITER: And you, sir?

CUSTOMER 2:	Could you bring me a beer?
WAITER:	Certainly, sir. *Local or imported?*
CUSTOMER 2:	Imported, please.
WAITER:	We have *Warsteiner* and *Budweiser*. Which one would you like?
CUSTOMER 2:	I'll have a Bud.
WAITER:	*Yes, sir. Excuse me.*

STUDY
Beer, page 237.

COMPREHENSION

Observe a situação 3 e responda verdadeiro (V) ou falso (F). No quadro ao lado, escreva a(s) palavra(s) que justifica(m) sua resposta. Observe o exemplo.

	VERDADEIRO OU FALSO?		JUSTIFIQUE
1.	O garçom oferece a carta de vinhos.	(V)	Would you like to see the wine list?
2.	O primeiro cliente quer vinho e o segundo, refrigerante.	( )	
3.	O primeiro cliente pede uma recomendação de vinho.	( )	
4.	O primeiro cliente decide comer massa.	( )	
5.	O primeiro cliente quer água sem gás.	( )	
6.	O segundo cliente escolhe uma cerveja Budweiser.	( )	

VARIATIONS

O diálogo da situação 3 poderia ser diferente. Veja algumas das possíveis variações:

I. Para recomendar um vinho, é conveniente que o cliente já saiba o que vai comer. Você pode perguntar como na situação 3 ou dizer:
What are you going to eat?
What would you like to eat?

II. O cliente pode estar na dúvida sobre o que vai pedir, então poderá dizer algo como:
I can't decide between the steak and the pesto pasta. (Não consegui decidir entre...)
I'm not sure. I haven't decided. (Não sei, não decidi ainda...)
Maybe I'll have the pasta. (Talvez eu coma...)
I might have the steak. (Pode ser que eu coma...)

III. A sugestão de um vinho dependerá muito mais do quanto você conhece de vinhos do que do quanto você sabe de inglês. Este livro não tem como objetivo o detalhamento desse assunto, que é bastante complexo. Portanto recomendamos duas possibilidades no atendimento de uma situação como essa.
Você pode sugerir e descrever algumas características do vinho que sugeriu, como nos dois exemplos da situação 3. Uma variação para as frases apresentadas é:
This steak pairs well with a cabernet.

Ou pode simplesmente perguntar:
Would you prefer red or white? (tinto ou branco)
Dry, soft or sweet? (seco, suave ou doce)

E então recomendar, usando o nome do vinho e mostrando-o na carta:
This Chianti is very nice, sir.

IV. Os vinhos podem ser servidos em:
a. taça = a glass
b. garrafa = a bottle
c. meia garrafa = half a bottle

V. Há algumas bebidas que, quando pedidas, motivam perguntas típicas. Por exemplo, em português, quando se pede uma Coca-Cola, geralmente se pergunta: "Gelo e limão?".
Observe algumas dessas perguntas:
Small or large? (Pequeno ou grande?)
Ice and lemon? (Gelo e limão?)
Ice and orange? (Gelo e laranja?)
Regular or light? (Normal ou light?)
Sparkling or still? (Com ou sem gás?)
A bottle or a glass? (Garrafa ou taça?)
Chilled or room temperature? (Gelado ou temperatura ambiente?)

VI. Junto com os vinhos, principalmente os tintos, oferece-se água. O cliente pode pedir água com gás (*sparkling* ou *carbonated*) ou sem gás (*still* ou *plain*).

VII. Se o cardápio do restaurante ou bar em que você trabalha oferecer cervejas nacionais e importadas, você poderá perguntar "**Local or imported?**", como na situação 3.
Se o cliente pedir que você liste as cervejas que tem, faça como no diálogo da situação 3.
Ao final da lista, você pode dizer:

Which one would you like?
Which one would you prefer?

Caso você não tenha cervejas importadas em seu cardápio, não utilize a pergunte "Local or imported?" e passe diretamente para a frase que lista as cervejas que você tem, por exemplo:
We have Brahma, Antartica, Serramalte and Bohemia.
(Which one would you like?)

LISTEN AND REPEAT

Agora que você já sabe como pode variar a situação 3, repita algumas das possíveis combinações que aprendeu:

May I recommend a wine?
What are you planning to eat?
What are you going to eat?
What would you like to eat?
If you have the steak, I recommend a cabernet. It's dry and full-bodied.
If you eat the pasta, I suggest a merlot. It's soft and medium-bodied.
This steak pairs well with a cabernet.
Would you prefer red or white?
Dry, soft or sweet?
Chilled or room temperature?
This Chianti is very nice, sir.
Would you like some water?
Local or imported?
Small or large?
Ice and lemon?
Ice and orange?
Regular or light?
Sparkling or still?
A bottle or a glass?
We have Warsteiner and Budweiser. Which one would you like?
We have Brahma, Antartica, Serramalte and Bohemia. Which one would you prefer?

EXERCISES

I. **Answer**

Leia cada pergunta e coloque a seu lado a(s) bebida(s) para a(s) qual(is) se pode fazê-la. Observe o exemplo.

1. Local or imported?	beer
2. Red or white?	
3. Small or large?	
4. Ice and lemon?	
5. Ice and orange?	
6. Regular or light?	
7. Sparkling or still?	
8. Half a bottle?	
9. A bottle or a glass?	
10. Sweet or dry?	
11. Chilled or room temperature?	

II. **Recommend.**

Se você entende de vinhos, faça esta tarefa para treinar a sugestão de vinhos em inglês. Utilizando as estruturas de frases mostradas na situação e o vocabulário aprendido, complete as frases abaixo e, por último, faça uma sugestão sozinho.

a. If you eat the fish, ____.
It's ____.

b. If you have ____________, I recommend __________________________.
It's ____.

c. The ______________ pairs well with the __________________________.
It's ____.

d. ____.
____.

III. **Match the columns**

Ligue as frases com as funções que elas expressam.

FUNÇÕES	FRASES
a. Perguntar qual o cliente prefere.	( ) Would you like some water?
b. Oferecer água.	( ) Would you prefer red or white?
c. Pedir permissão para sugerir um vinho.	( ) What would you like to drink?
d. Perguntar se ele prefere um vinho tinto ou branco.	( ) Which one would you prefer?
e. Perguntar se ele quer uma taça ou garrafa.	( ) Cash or charge?
f. Perguntar se deve cobrar ou debitar o que foi consumido.	( ) A glass or a bottle?
g. Perguntar como quer o uísque.	( ) May I recommend a wine?
h. Perguntar o que ele quer comer.	( ) How would you like your whisky?
i. Perguntar o que ele quer beber.	( ) What would you like to eat?

THINK ABOUT

Quais são as cervejas importadas que você oferece no seu local de trabalho. Sabe de onde elas vêm? Poderia utilizar as nacionalidades aprendidas para os vinhos (em *Wine characteristics*, na página 236) para falar das cervejas?

____

____

____

____

____

____

AQUECENDO

Antes de começar a aprender coisas novas, observe a ilustração e pense um pouco sobre as seguintes questões:

Esta situação acontece em minha rotina de trabalho?

Consigo pensar em uma forma adequada de resolver isso em português?

Eu sei me comunicar nesta situação em inglês? O que eu posso ou devo dizer?

LISTEN AND READ

SITUATION 4

Coffee blends

REVIEW
Chapter 4, page 166.

WAITER: Excuse me, sir. Would you like some coffee?

CUSTOMER: Yes, please.

WAITER: We have *Nespresso*.

CUSTOMER: What blends do you have?

WAITER: *Volluto, ristretto, decaf...*

CUSTOMER: *What are they like?*

STUDY
Coffee characteristics, page 237.

WAITER: The *volluto* is light and fruity.
The *ristretto* is strong and full-bodied.

CUSTOMER: I'll have the *ristretto*.

WAITER: Certainly, sir... Your coffee.

COMPREHENSION

Observe a situação 4 e responda verdadeiro (V) ou falso (F). No quadro abaixo, escreva a(s) palavra(s) que justifica(m) sua resposta. Observe o exemplo.

	VERDADEIRO OU FALSO?		JUSTIFIQUE
1.	O garçom oferece chá.	(F)	Would you like some coffee?
2.	O cliente aceita o Nespresso e pergunta os tipos.	( )	
3.	O garçom fala de dois tipos.	( )	
4.	O cliente pergunta as características dos cafés.	( )	
5.	O garçom explica as características dos cafés.	( )	
6.	O *ristretto* é mais leve que o *volluto*.	( )	
7.	O cliente escolhe o *ristretto*.	( )	

VARIATIONS

O diálogo da situação 4 poderia ser diferente. Veja algumas das possíveis variações:

I. O cliente pode perguntar dos tipos de café com várias perguntas diferentes, por exemplo:
What blends do you have? (Quais *blends* você tem?)
What flavors do you serve? (Quais sabores você serve?)
What kinds do you carry? (Quais tipos você tem?)
Which ones do you have? (Quais você tem?)

Para saber as características de um ou mais cafés, o cliente pode perguntar, por exemplo:
What is the ristretto like? (Como é o *ristretto*?)
What is this one like? (Como é este aqui?)
What does it taste like? (Que sabor ele tem?)

II. Mesmo trazendo a caixa de cápsulas, é aconselhável saber os nomes das variedades de café, que são internacionais. Nem todos os restaurantes oferecem todas as opções, então é recomendável que você saiba as que você pode oferecer. Um rápido trabalho de pesquisa já é suficiente para esta tarefa.

III. Entre os sabores de café, há aqueles que são *decaffeinated* (ou *decaf*), ou seja, sem cafeína. Fique atento caso o cliente peça esse.

LISTEN AND REPEAT

Agora que você já sabe como pode variar a situação 4, repita algumas das possíveis combinações que aprendeu:

Volluto, ristretto, decaf...
The volluto is light and fruity.
The ristretto is strong and full-bodied.

EXERCISES

I. **Research**

Se o restaurante ou bar em que você trabalha serve Nespresso, abra a caixa de cápsulas e escreva, na primeira coluna, quatro dos *blends* que você serve e, na segunda coluna, anote para cada um uma característica que você conhece baseando-se no no item *Coffee characteristics*, na página 237.

BLEND*	CHARACTERISTIC

* Um *blend*, nesse caso, é uma mistura de cafés

II. **Create a dialogue**

Volte ao diálogo em que você aprendeu a oferecer café, junte-o com o que aprendeu agora e construa um novo diálogo.

Waiter: ______________________________

Customer: ______________________________

Waiter: ______________________________

Customer: ______________________________

Waiter: ______________________________

Customer: ______________________________

Waiter: ______________________________

Customer: ______________________________

THINK ABOUT

Você acha que as características apresentadas servem apenas para descrever os cafés Nespresso?

____

____

____

____

____

____

AQUECENDO

Antes de começar a aprender coisas novas, observe a ilustração e pense um pouco sobre as seguintes questões:

Esta situação acontece em minha rotina de trabalho?

Consigo pensar em uma forma adequada de resolver isso em português?

Eu sei me comunicar nesta situação em inglês? O que eu posso ou devo dizer?

LISTEN AND READ

SITUATION 5

Serving breakfast

WAITER: Good morning, sir. What's your room number, please?

CUSTOMER: *1305.*

WAITER: Follow me, please... Have a seat, sir.

CUSTOMER: Thank you.

WAITER: We have coffee and milk, hot chocolate and tea. Which one would you like?

CUSTOMER: *I'll have coffee and milk, please.*

WAITER: Certainly, sir. The buffet is over there. Please help yourself.

CUSTOMER: Yes, thank you... Waiter, what's this?

WAITER: *Guava juice, sir.* Would you like to try it?

CUSTOMER: Yes, please.

STUDY
Breakfast, page 237.

COMPREHENSION

Observe a situação 5 e responda verdadeiro (V) ou falso (F). No quadro abaixo, escreva a(s) palavra(s) que justifica(m) sua resposta. Observe o exemplo.

	VERDADEIRO OU FALSO?		JUSTIFIQUE
1.	O cliente que entra para o café da manhã não é hóspede.	(F)	1305
2.	O garçom oferece a bebida quente que virá à mesa.	( )	
3.	O hóspede pede chá.	( )	
4.	O garçom mostra o bufê de café da manhã.	( )	
5.	O garçom não convida o hóspede a servir-se.	( )	
6.	O hóspede faz uma pergunta sobre um item do café da manhã.	( )	
7.	Ele não quer provar o item sobre o qual perguntou.	( )	

VARIATIONS

O diálogo da situação 5 poderia ser diferente. Veja algumas das possíveis variações:

O sistema de serviço do café da manhã dos hotéis varia muito. Alguns hotéis colocam tudo no bufê; outros servem as bebidas quentes à mesa em garrafas térmicas ou em bules; alguns ainda combinam bufê e a preparação, a pedido do cliente, de alguns itens de cardápio na cozinha; e outros, enfim, não montam bufê e trabalham apenas com opções de cardápio. Seja qual for a forma que você utiliza, vejamos agora algumas frases importantes para o serviço do café da manhã.

I. Se a bebida quente vem à mesa, é necessário perguntar:

We have coffee and milk, hot chocolate and tea. Which one would you like?
We have coffee and milk, hot chocolate and tea. Which one would you prefer?

Se há o risco de que a bebida esfrie em bules e chaleiras, é preciso também perguntar:

Would you like your coffee now?
Would you like your tea now?
Would you like your hot chocolate now?

II. Para situações como: encaminhar o hóspede ao bufê e convidá-lo a servir-se; explicar ou apresentar algo do bufê e convidá-lo a experimentar; avisar o hóspede na hora em que você for recolher o bufê, você vai utilizar as mesmas frases que aprendeu no capítulo 3. Se for necessário, faça uma revisão.

III. Caso você trabalhe com um menu de café da manhã, pode dizer:
Here is the breakfast menu. We have fruit, yogurt, bread, cold cuts, a selection of jams, cheese and cereal served at the table.

Se houver mais alguma coisa:
You may also have...

Se o hóspede tiver de fazer uma opção, você pode perguntar:
What kind of juice would you like? (Que tipo... ?)
What flavor jam would you like? (Que sabor... ?)

IV. Para ovos que estão no cardápio ou são preparados a pedido do cliente, veja a situação 6 deste capítulo.

LISTEN AND REPEAT

Agora que você já sabe como pode variar a situação 5, repita algumas das possíveis combinações que aprendeu:

We have coffee and milk, hot chocolate and tea. Which one would you like?
We have coffee and milk, hot chocolate and tea. Which one would you prefer?
Would you like your coffee now?
Would you like your tea now?
Would you like your hot chocolate now?
Here is the breakfast menu. We have fruit, yogurt, bread, cold cuts, a selection of jams, cheese and cereal served at the table.
You may also have eggs.
What kind of juice would you like?

EXERCISES

I. **Write the sentence**

Escreva a frase que expressa a função:

1. Mostrar onde está o bufê: ______
2. Convidar o cliente a servir-se: ______
3. Oferecer a bebida quente: ______
4. Listar o que há no bufê: ______
5. Perguntar sobre o sabor de geleia que ele prefere:

______

II. **Answer**

Observe o diálogo abaixo e responda sobre você:

A: What do you like to have for breakfast?
B: I like to have cereal and fruit, hot chocolate, bread, margarine and ricotta cheese.

And you?
A: ______

THINK ABOUT

Como já foi falado antes, os clientes e hóspedes estrangeiros geralmente gostam de experimentar bebidas e comidas típicas nos lugares que visitam. Quais são as suas sugestões de algo tipicamente brasileiro para o café da manhã? Liste aqui:

______ ______
______ ______
______ ______
______ ______
______ ______

AQUECENDO

Antes de começar a aprender coisas novas, observe a ilustração e pense um pouco sobre as seguintes questões:

Esta situação acontece em minha rotina de trabalho?

Consigo pensar em uma forma adequada de resolver isso em português?

Eu sei me comunicar nesta situação em inglês? O que eu posso ou devo dizer?

LISTEN AND READ

SITUATION 6

Breakfast eggs

WAITER: Good morning, sir. Would you like *eggs?*

CUSTOMER: *Yes, I'll have eggs, please.*

WAITER: We have omelets, scrambled and fried eggs. How would you like your eggs, sir?

STUDY *Eggs,* page 238.

CUSTOMER: *Omelette with ham.*

WAITER: Yes, sir. We'll prepare it for you. Excuse me.

CUSTOMER: Thank you.

COMPREHENSION

Observe a situação 6 e responda verdadeiro (V) ou falso (F). No quadro abaixo, escreva a(s) palavra(s) que justifica(m) sua resposta. Observe o exemplo.

	VERDADEIRO OU FALSO?		JUSTIFIQUE
1.	O garçom oferece ovos.	(V)	Would you like eggs?
2.	O cliente aceita.	( )	
3.	O garçom diz quais os tipos de ovos servidos no restaurante.	( )	
4.	O cliente escolhe ovos cozidos.	( )	
5.	O garçom informa que vai prepará-los.	( )	

VARIATIONS

O diálogo da situação 6 poderia ser diferente. Veja algumas das possíveis variações:

I. Se os ovos não estiverem no bufê, o garçom poderá perguntar:
Would you like eggs?

No caso de haver uma estação de preparo de ovos no bufê do café da manhã, a pergunta será a mesma. Porém, se o cliente já chegar falando o quer, esta pergunta não será necessária.

O passo seguinte, nesse caso, seria perguntar:
How would you like your eggs? (Como quer [que eu prepare] seus ovos?)

Se preferir, antes de perguntar, pode dizer como o restaurante pode prepará-los:
We have boiled, scrambled and fried eggs.

II. Se os ovos forem preparados na estação, o hóspede provavelmente aguardará, e a pessoa que o atendeu pode responder:
I'll prepare it for you.
I'll prepare them for you.

Se forem preparados na cozinha, o garçom poderá dizer:
We'll prepare it for you.

We'll prepare them for you.
I'll bring it right away.
I'll bring them right away.

ATENÇÃO

it = singular = omelete, um ovo cozido;
them = plural = ovos mexidos, ovos fritos.

LISTEN AND REPEAT

Agora que você já sabe como pode variar a situação 6, repita algumas das possíveis combinações que aprendeu:

Would you like eggs?
We have boiled, scrambled and fried eggs.
How would you like your eggs?
I'll prepare it for you.
I'll prepare them for you.
We'll prepare it for you.
We'll prepare them for you.
I'll bring it right away.
I'll bring them right away.

EXERCISES

I. **Mark the correct alternative**

Escolha a alternativa correta para completar a conversa de forma adequada. Lembre-se: nas situações a seguir, o cliente está falando primeiro. Observe o exemplo.

CUSTOMER:	Good afternoon, a table for two, please.
Waiter: ( )	Yes, sir. For how many?
Waiter: (×)	Yes, sir. Follow me, please.
Waiter: ( )	Yes, sir. Good afternoon.

1. CUSTOMER: I'll have boiled eggs.

Waiter: ( )	a. Yes, sir. I'll bring it right away.

Waiter: ( )	b. Yes, sir. We'll prepare them for you.
Waiter: ( )	c. Yes, sir. How would you like your eggs?

2. CUSTOMER: Can I have some eggs, please?

Waiter: ( )	a. Yes, sir. I'll bring them right away.
Waiter: ( )	b. Yes, sir. We'll prepare them for you.
Waiter: ( )	c. Yes, sir. How would you like your eggs?

3. CUSTOMER: Good morning. (na mesa)

Waiter: ( )	a. Good morning, sir. Would you like eggs?
Waiter: ( )	b. Good morning, sir. Here is you hot cocoa.
Waiter: ( )	c. Good morning, sir. Here is your omelet.

4. CUSTOMER: Good morning. (na estação de ovos)

Waiter: ( )	a. Good morning, sir. What kind of juice would you like?
Waiter: ( )	b. Good morning, sir. How would you like your eggs?
Waiter: ( )	c. Good morning, sir. What flavor ice cream would you like?

5. CUSTOMER: What kind of eggs do you have?

Waiter: ( )	a. How would you like your eggs?
Waiter: ( )	b. Would you like eggs?
Waiter: ( )	c. We scrambled eggs with cheese and fried eggs with bacon.

II. **Create a dialogue**

Pense em sua rotina no atendimento do café da manhã e, utilizando as frases aprendidas nas duas últimas situações, construa um diálogo completo.

____

____

____

____

____

____

THINK ABOUT

No restaurante em que você trabalha é servido o café da manhã? Há um bufê? Se sim, o que está incluído? O que não está incluído? Como você oferece o que não está incluído? Há itens no cardápio? Quais? Você sabe falar todos os itens que serve em inglês?

____

____

____

____

____

____

____

VOCABULARY

DRINK PREPARATION

LISTEN AND REPEAT

Aprenda o vocabulário referente ao preparo de bebidas

A caipirinha	**lime**	**A twist of lemon**

Caipirinha ingredients [ingredientes da caipirinha]
ice [gelo]
lime [limão de casca verde]
sugar [açúcar]
sugar cane spirit/ cachaça [aguardente]

Other drink ingredients [ingredientes para outros drinks]
a dash of... [uma pequena porção de..., um pouco de]
a green olive [azeitona verde]

a twist of lemon [casca de limão torcida]
coconut milk [leite de coco]
condensed milk [leite condensado]
milk cream [creme de leite]

Spirits [álcool]
gin [gin]
liqueur [licor]
rum [rum]
tequila [tequila]
vermouth [vermute]
vodka [vodka]
whisky [uísque]

Drink verbs [verbos para drinks]
add [adicionar]
crush/ muddle [amassar]
fill [encher]
mix/ stir [misturar]
pour [servir]
shake [agitar]
strain [peneirar]

BAR ITEMS

LISTEN AND REPEAT

1

2

3
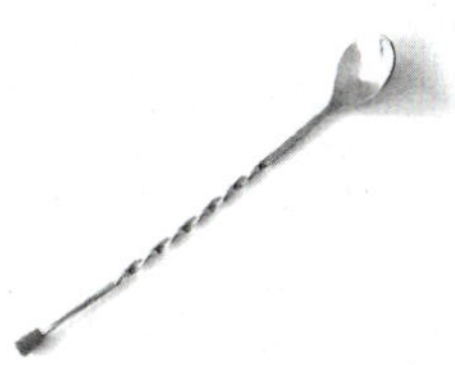
4

5

6

7

8
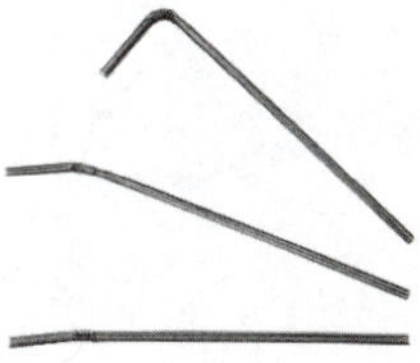

9

10

11

12

EXERCISE

Match the pictures to the names.

Ligue as figuras aos seus nomes utilizando os números que estão nos quadros.

[ ] bar spoon [colher bailarina]	[ ] jug [jarra]
[ ] bottle opener [abridor de garrafas]	[ ] strainer [coador]
[ ] (cocktail) shaker [coqueteleira]	[ ] straw [canudo]
[ ] corkscrew [saca-rolhas]	[ ] swizzle stick [misturador]
[ ] ice bucket [balde de gelo]	[ ] thermos [garrafa térmica]
[ ] ice tongs [pegador de gelo]	[ ] wine cooler/ bucket [balde para vinho]

WHISKY

LISTEN AND REPEAT

on the rocks [com gelo]
straight [puro]
with soda [com soda]
with water [com água]

NUTS

LISTEN AND REPEAT

1

2

3

4

5

6

7

8

EXERCISE

Match the pictures to the names.

Ligue as figuras aos seus nomes utilizando os números que estão nos quadros.

[ ] almond [amêndoa]
[ ] Brazil nuts [castanha-do-pará]
[ ] cashew nuts [castanhas de caju]
[ ] hazel nuts [avelã]
[ ] macadamia nuts [macadâmia]
[ ] peanuts [amendoim]
[ ] pistachio [pistache]
[ ] walnuts [nozes]

BAR APPETIZERS

LISTEN AND REPEAT

Aprenda mais palavras para petiscos de bar

manioc and jerked beef cake [bolinho de mandioca e carne seca]
codfish cake [bolinho de bacalhau]
tenderloin strips [iscas de filé-mignon]
rump steak strips [iscas de picanha]
fried squid [lula à dorê]
breaded provolone cheese [provolone à milanesa]
meat turnovers [pastel de carne]
cheese turnovers [pastel de queijo]
parma ham [presunto de Parma]
cheese platter [tábua de queijos]
cold cuts platter [tábua de frios]
fried polenta [polenta frita]
bruscheta [bruschetta]

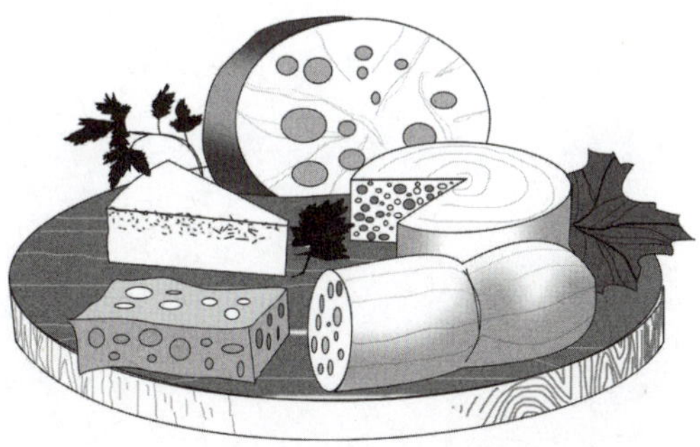

WINE CHARACTERISTICS

LISTEN AND REPEAT

Aprenda o vocabulário referente à descrição das características dos vinhos

White [branco]
Red [tinto]
Rose [rose]

Sparkling [espumante, frisante]
Dessert wine [vinho de sobremesa]

Robust [robusto]
Full-bodied [encorpado]
Medium-bodied [de corpo médio]
Light-bodied [de corpo leve]

Dry [seco]
Soft [suave]
Medium sweet [meio doce]
Sweet [doce]

Californian [californiano]
Argentinean [argentino]
Chilean [chileno]
South African [sul-africano]
Australian [australiano]
Brazilian [brasileiro]
French [francês]
Italian [italiano]
Portuguese [português]
German [alemão]

BEER

LISTEN AND REPEAT

Estude alguns tipos de cervejas

dark [escura]
imported [importada]
light [teor de álcool reduzido]
local [nacional]
non-alcoholic [não alcoólica/ sem álcool]
wheat beer [cerveja de trigo]

COFFEE CHARACTERISTICS

LISTEN AND REPEAT

Aprenda o vocabulário referente à descrição das características dos cafés

Light [leve]
Strong, intense [forte]
Fruity [frutado]
Woody [amadeirado]
Spicy [com especiarias]
Floral [floral]

BREAKFAST

LISTEN AND REPEAT

EXERCISE

Match the pictures to the names.

Ligue as figuras aos seus nomes utilizando os números que estão nos quadros. Algumas palavras da lista não têm figuras correspondentes.

BREAKFAST ITEMS [ITENS DE CAFÉ DA MANHÃ]	KINDS OF BREAD [TIPOS DE PÃO]
[ ] butter [manteiga]	[ ] baguette [pão baguete]
[ ] cake [bolo]	[ ] croissant [croissant]
[–] cereal [cereais matinais]	[ ] French bread [pão francês]
[ ] crackers [bolachas salgadas]	[–] pumpernickel [pão preto]
[–] French toast [rabanada]	[ ] rolls [bisnagas]
[ ] honey [mel]	[–] rye [pão de centeio]
[–] jam [geleia]	[–] sweet rolls [pães doces]
[–] margarine [margarina]	[ ] white [pão branco]
[–] marmalade [geleia de casca de cítricos]	[–] whole wheat [pão integral]
[–] orange juice [suco de laranja]	
[–] sweetener [adoçante]	
[ ] toast [torrada]	
[–] yogurt [iogurte]	

HOT DRINKS [BEBIDAS QUENTES]	MILK & YOGURT [LEITE & IOGURTE]
coffee and milk [café e leite]	low fat [semidesnatado]
hot chocolate/ hot cocoa/ cocoa [chocolate quente]	non fat/ skim [desnatado]
tea [chá]	soy [de soja]
	whole [integral]
	Attention: Fat percentages determine milk types (as porcentagens de gordura determinam os tipos de leite): whole (milk): 3,5% fat; low fat: 2,0% to 3,5% fat; non fat/ skim: 0,5% fat (maximum)

EGGS

LISTEN AND REPEAT

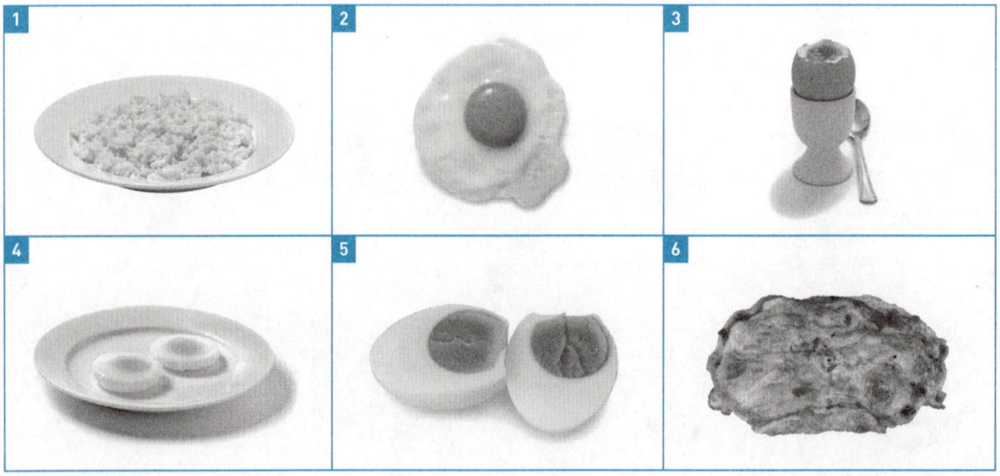

EXERCISE

Match the pictures to the names.

Ligue as figuras aos seus nomes utilizando os números que estão nos quadros. Tente fazer isso sem olhar as traduções da lista abaixo. Observe o exemplo.

[ ] hard boiled [cozido]	[ ] omelette [omelete]
[ ] soft boiled [ovo quente] *(three-minute egg)**	[ ] poached [poché]
[ ] fried [frito] *(sunny side up, over easy, over hard)* **	[ ] scrambled [mexidos]

Eggs served with [ovos servidos com]

ham [presunto]

sausage [salsicha]

ATENÇÃO

* Pode-se pedir o ovo cozido determinando o tempo de cozimento, por exemplo: *Three minute eggs.* (Ovos cozidos por 3 minutos.)

** O ovo frito pode ser *sunny side up* [frito com a gema mole], *over easy* [frito malpassado dos dois lados] ou *over hard* [frito bem passado dos dois lados]

GLOSSARY 5

FUNCTION	ENGLISH	SIT	PORTUGUESE	PROFESSIONAL TIPS
Perguntar como o cliente está	How are you today?	1	Como está o(a) senhor(a) ?	Em alguns casos, em especial se o cliente já for conhecido, você pode perguntar como ele está.
Responder como está	Fine./ Very well.	1	Bem./ Muito bem.	
Perguntar o que gostaria de beber	What would you like to drink?	1	O que gostaria de beber?	Esta pergunta é mais direta que "Would you like a drink?".
Explicar como se faz a caipirinha	We crush lime and sugar. Add ice and cachaça, a sugarcane spirit.	1	Amassamos limão e açúcar. Adicionamos gelo e cachaça.	
Oferecer adoçante no lugar de açúcar	Would you like sweetener instead?	1	Gostaria de adoçante?	

FUNCTION	ENGLISH	SIT	PORTUGUESE	PROFESSIONAL TIPS
Oferecer para experimentar	**Would you like to try it?**	1	Gostaria de experimentar?	Clientes estrangeiros geralmente apreciam experimentar bebidas e comidas típicas do local que visitam.
Perguntar a marca de uísque que o cliente quer	**What brand would you like?**	2	Qual marca gostaria?	
Perguntar como quer o uísque	**How would you like your whisky/ scotch?**	2	Como gostaria do seu uísque?	*Scotch* é o uísque feito na Escócia. Os outros são chamados *whisky*. Durante o atendimento, utilize o nome que o cliente utilizar: *scotch* ou *whisky*.
Oferecer algo para comer no bar	**Would you like something to eat?/ Would you like to see the (bar) menu?**	2	Gostaria de algo para comer?/ Gostaria de ver o cardápio (do bar)?	
Informar quais aperitivos são servidos	**We have cheese and cold cuts platter, carpaccio, canapés, sandwiches...**	2	Temos tábua de queijos e frios, carpaccio, canapés, sanduíches...	
Oferecer opções de pagamento	**Would you like to pay cash or charge it to your room?**	2	Quer pagar ou debitar?	
Pedir permissão para sugerir um vinho	**May I recommend a wine?**	3	Posso sugerir um vinho?	
Perguntar sobre a comida	**What are you planning to eat?/ What are you going to eat?/ What would you like to eat?**	3	O que planeja comer? O que vai comer? O que gostaria de comer?	Estas perguntas só servirão caso o cliente ainda não tenha feito o pedido.
Sugerir harmonização	**If you have the steak, I recommend a cabernet. It's dry and full-bodied./ This steak pairs well with a cabernet.**	3	Se comer a carne, recomendo um *cabernet*. É seco e encorpado./ Esta carne combina bem com um *cabernet*.	Escolha uma forma de sugerir vinho de acordo com seu conhecimento e treinamento.
Sugerir um vinho	**This Chianti is very nice.**	3	Este Chianti é muito bom.	
Oferecer água	**Would you like some water?**	3	Gostaria de água?	
Pedir que escolha	**Which one would you like?/ prefer?**	3	Qual o(a) senhor(a) gostaria?/ preferiria?	Sempre que der ao cliente algumas opções, pode encerrar com esta pergunta.

FUNCTION	ENGLISH	SIT	PORTUGUESE	PROFESSIONAL TIPS
Descrever um *blend* de café	The volluto is light and fruity.	4	O volluto é leve e frutado.	
Dizer o que há para beber no café da manhã	We have coffee and milk, hot chocolate and tea.	5	Temos café com leite, chocolate quente e chá.	Se a bebida quente é colocada na mesa, o garçom precisa perguntar se será café, chá ou chocolate. Caso a bebida quente também faça parte do bufê, esta pergunta não será necessária.
Perguntar se quer bebida agora	Would you like your coffee now?	5	Gostaria de seu café agora?	
Entregar cardápio de café da manhã	Here is the breakfast menu.	5	Aqui está o cardápio de café da manhã.	
Listar o que há no café da manhã	We have fruit, yogurt, bread, cold cuts, a selection of jams, cheese and cereal served at the table.	5	Temos fruta, iogurte, pão, frios, geleias sortidas, queijos e cereais servidos à mesa.	
Oferecer opções	You may also have...	5	O(A) senhor(a) também pode pedir...	
Perguntar sobre tipo de suco	What kind of juice would you like?	5	Que tipo de suco o(a) senhor(a) gostaria?	Estas perguntas também são importantes para o atendimento ágil.
Perguntar sobre sabor de geleia	What flavor jam would you like?	5	Que sabor de geleia o(a) senhor(a) gostaria?	
Oferecer ovos	Would you like eggs?	6	Gostaria de ovos?	
Informar sobre os tipos de ovos	We have omelets, scrambled and fried eggs.	6	Temos omeletes, ovos mexidos e fritos.	
Perguntar sobre os ovos	How would you like your eggs?	6	Como quer os seus ovos?	Você já aprendeu uma pergunta que começa assim. Vê semelhança?
Informar que vai preparar algo	I'll/ We'll prepare it/ them for you.	6	Vou/ Vamos prepará-lo(s) para o(a) senhor(a).	

BONUS 5

1. Qual é a bebida mais servida no local em que você trabalha. Imagine que você vai atender um cliente estrangeiro e recomendar essa bebida. Construa esse diálogo:

2. Se você trabalha em um local que oferece café da manhã, construa um diálogo de acordo com sua rotina:

QUIZ 5

DESAFIO

Faça o teste abaixo. Se você acertar pelo menos oito das dez questões, siga para o capítulo 6. Se acertar menos que isso, por que não faz a revisão da página anterior novamente?

EXERCISE I

Listen to the customer's requests and mark the correct answer:

1.

a. We crush lemon and sugar. Add rum.
b. We crush orange and condensed milk. Add ice.
c. Lemon, ice, vodka and sugar.
d. We crush lemon and sugar. Add ice and cachaça.
e. We crush lime and sugar. Add ice and cachaça, a sugarcane spirit.

2.

a. How would you like your scotch?
b. On the rocks?
c. What kind would you like?
d. What brand would you like?
e. Would you like something to eat?

3.

a. Would you like a beer?
b. Local or imported?
c. What would you like to drink?
d. Dry or sweet?
e. Sparkling or still?

4.

a. Yes, ma'am. Would you like sugar instead?
b. Yes, ma'am. Would you like cream instead?
c. Yes, ma'am. Would you like sweetener instead?
d. No, ma'am. Would you like sweetener instead?
e. I'm sorry, ma'am. Just a moment.

5.

a. Would you like to see the wine list?
b. Here you are. May I recommend a wine?
c. What would you like to drink?
d. Would you like a drink?
e. The Bordeaux is very nice.

6.

a. Yes, sir. How would you like your eggs?
b. Yes, sir. How would you like your scotch?
c. We have coffee, tea and hot chocolate.
d. What kind of juice would you like?
e. Would you like something to eat?

EXERCISE II

Listen to the customer's request and put the number next to the corresponding picture. Two pictures will be left out on purpose:

A	B	C
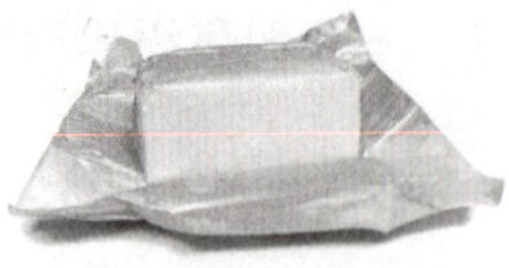 ( )	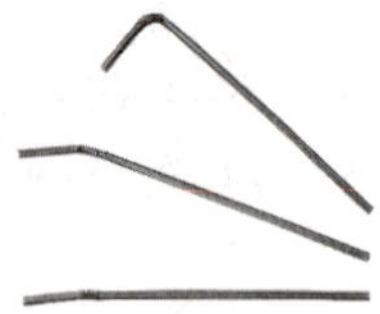 ( )	 ( )
D	**E**	**F**
 ( )	 ( )	 ( )

Seus acertos: ____

CHAPTER 5 – ANSWERS

SITUATION 1

COMPREHENSION

1.	(V)	What would you like to drink?
2.	(V)	I'd like to try something typically Brazilian.
3.	(F)	How about caipirinha?
4.	(F)	What's it made of?
5.	(V)	We crush lime and sugar. Add ice and cachaça, a sugarcane spirit.
6.	(V)	Yes, we'll both try that.

EXERCISES

I. 1. ≠ 2. = 3. =

II. Resposta pessoal.

THINK ABOUT

Resposta pessoal

ANSWERS

SITUATION 2

COMPREHENSION

1.	(F)	I'll have a scotch.
2.	(F)	On the rocks.
3.	(F)	Would you like something to eat?
4.	(V)	We have cheese and cold cuts platter, carpaccio, canapés, sandwiches...
5.	(V)	cheese and cold cuts platter
6.	(F)	Give me a cheese platter and some bread.

EXERCISES

I. 1.c, 2.b, 3.a, 4.c, 5.a, 6.b, 7.b

II. Resposta pessoal.

THINK ABOUT

Resposta pessoal

SITUATION 3

COMPREHENSION

1.	(V)	Would you like to see the wine list?
2.	(F)	Could you bring me a beer?
3.	(F)	May I recommend a wine?
4.	(F)	I'll have the steak.
5.	(F)	sparkling water, please
6.	(V)	I'll have a Bud.

EXERCISES

I. Respostas sugeridas:

1. beer	4. coke	7. water	10. wine
2. wine	5. guaraná	8. wine	11. port wine
3. soda	6. soft drinks	9. wine	

II. Respostas pessoais.

III. b, d, i, a, f, e, c, g, h

THINK ABOUT

Resposta pessoal

ANSWERS

SITUATION 4

COMPREHENSION

1.	(F)	Would you like some coffee?
2.	(V)	What blends do you have?
3.	(F)	Volluto, ristretto, decaf...
4.	(V)	What are they like?
5.	(V)	The volluto is light and fruity.
6.	(F)	The ristretto is strong and full-bodied./ The volluto is light... The ristretto is strong...
7.	(V)	I'll have the ristretto.

EXERCISES

I. Resposta pessoal.

II. Resposta pessoal.

THINK ABOUT

Algumas dessas palavras servem para descrever os aromas e sabores dos cafés, bem como de vinhos, cervejas e cachaças.

SITUATION 5

COMPREHENSION

1.	(F)	1305
2.	(V)	We have coffee and milk, hot chocolate and tea. Which one would you like?
3.	(F)	I'll have coffee and milk, please.
4.	(V)	The buffet is over there.
5.	(F)	Please help yourself.
6.	(V)	Waiter, what's this?
7.	(F)	Yes, please.

EXERCISES

I. Respostas sugeridas:

1. The buffet is over there.
2. Please help yourself.
3. We have coffee and milk, hot chocolate and tea. Which one would you like?

ANSWERS

4. We have cereal and fruit, a selection of bread, cold cuts and cheese.
5. What flavor jam would you prefer?

II. Resposta pessoal.

THINK ABOUT

Resposta pessoal

SITUATION 6

COMPREHENSION

1.	(V)	Would you like eggs?
2.	(V)	Yes, I'll have eggs, please.
3.	(V)	We have omelets, scrambled and fried eggs.
4.	(F)	Omelet with ham.
5.	(V)	We'll prepare it for you.

EXERCISES

I. 1. b, 2. c, 3. a, 4. b, 5. c

II. Resposta pessoal.

THINK ABOUT

Resposta pessoal

VOCABULARY

Bar Items: 3, 1, 9, 2, 11, 10, 5, 7, 8, 4, 6, 12

Nuts: 1, 5, 2, 4, 3, 7, 6, 8

Breakfast
Breakfast items: 10, 8, –, 7, –, 9, –, –, –, –, –, 1,–
Kinds of bread: 5, 3, 4, –, 2, –, –, 6, –

Eggs: 5, 3, 2, 6, 4, 1

BONUS 5

Resposta pessoal

ANSWERS

QUIZ 5

TAPESCRIPT	RESPOSTA	DICA DA PROFESSORA
EXERCISE I		
1. How do you prepare caipirinha?	e	"Lemon" é o limão-siciliano que serve para temperar peixes, mas não pode ser utilizado na caipirinha.
2. I'll have a scotch on the rocks, please.	d	Ele não disse a marca, portanto essa é a próxima pergunta.
3. I'll have a beer.	b	Esta será a pergunta supondo que você tenha os dois tipos no cardápio.
4. I'd like a caipirinha without sugar.	c	Ofereça "sweetener" no lugar do açúcar.
5. Could I see the wine list?	b	Entregue a carta de vinhos e ofereça ajuda para a escolha.
6. Can I have eggs for breakfast?	a	Ele não mencionou de que modo quer os ovos, essa é, então, sua próxima pergunta.
EXERCISE II		
1. Can I have some **butter**?	a	
2. Do you have **honey**?	e	
3. I need one more **straw**.	b	
4. Could I borrow a **corkscrew**?	c	

CHAPTER 6

COMPLAINTS, REQUESTS AND INFORMATION

O capítulo 6 concentra-se em mostrar situações nas quais o profissional responde às reclamações e aos pedidos do cliente, bem como aprende a dar informações gerais em inglês. Veja a seguir o que você vai aprender neste capítulo.

SITUATIONS
Aqui estão as situações do capítulo

AQUECENDO

Antes de começar a aprender coisas novas, observe a ilustração e pense um pouco sobre as seguintes questões:

Esta situação acontece em minha rotina de trabalho?

Consigo pensar em uma forma adequada de resolver isso em português?

Eu sei me comunicar nesta situação em inglês? O que eu posso ou devo dizer?

LISTEN AND READ

SITUATION 1

Answering to a food complaint

WAITER: Here is your order, sir.
CUSTOMER 1: *I ordered ravioli. This is spaghetti.*
WAITER: I'm very sorry, sir. *I'll see to it.*

CUSTOMER 2: Waiter!
WAITER: I'll be right there, sir... What can I do for you, sir?
CUSTOMER 2: *The tea is cold.*
WAITER: I apologize, sir. I'll change it for you.

STUDY *Food and drink complaints, page 280.*

CUSTOMER 3: Can you come here, please, waiter?
WAITER: Yes, sir. Is everything all right?
CUSTOMER 3: *Not really, I ordered a Coke 20 minutes ago.*
WAITER: I apologize, sir. *I'll bring your order right away.*

CUSTOMER 4: Waiter, please.
WAITER: Yes, sir. What can I do for you?

STUDY
Meat complaints, page 281.

CUSTOMER 4: *This meat is tough.*
WAITER: I apologize, sir. *Would you like to order something else?*
CUSTOMER 4: Yes, please...

CUSTOMER 5: Waiter, please.
WAITER: Yes, sir... May I help you?
CUSTOMER 5: *Well, this air conditioner is too cold!*
WAITER: I'm sorry, sir. Would you like to move to another table?
CUSTOMER 5: Yes, please...

STUDY
Other complaints, page 281.

CUSTOMER 6: Waiter, please.
WAITER: Yes, sir. May I help you?
CUSTOMER 6: *Well, the music is too loud.*
WAITER: I'm sorry, sir. *I'll see what I can do.*
CUSTOMER 6: Thanks...

COMPREHENSION

Observe a situação 1 e responda verdadeiro (V) ou falso (F). No quadro abaixo, escreva a(s) palavra(s) que justifica(m) sua resposta. Observe o exemplo.

	VERDADEIRO OU FALSO?		JUSTIFIQUE
1.	No caso do cliente 1, o prato que lhe foi entregue não é o prato que ele pediu.	(V)	I ordered ravioli. This is spaghetti.
2.	O garçom avisa o cliente 1 que tomará providências.	( )	
3.	O café do cliente 2 veio frio.	( )	
4.	O garçom vai trocar a bebida do cliente 2.	( )	
5.	O cliente 3 pediu uma Coca-Cola há 10 minutos.	( )	
6.	O garçom diz que não vai trazer o refrigerante imediatamente.	( )	
7.	O cliente 4 achou sua carne dura.	( )	
8.	Para o cliente 4, o garçom oferece ovos.	( )	
9.	O problema do cliente 5 é o ar-condicionado que não está funcionando.	( )	
10.	O garçom resolve desligar o ar-condicionado.	( )	
11.	O cliente 6 reclama da música alta.	( )	
12.	O garçom vai ver o que pode ser feito.	( )	

VARIATIONS

O diálogo da situação 1 poderia ser diferente. Veja algumas das possíveis variações:

I. Fique atento a algumas reclamações em relação ao café e como deve lidar com elas:

The coffee is too strong. (O café está muito forte.)
Quando o café está muito forte, o cliente pode pedir água quente. Caso ele peça, ele dirá algo como:
Waiter, can I have some hot water for my coffee?
Waiter, could you bring me some hot water for my coffee?
Waiter, I'd like some hot water for my coffee.

Você poderá usar:
I'll bring it right away.
I'll bring it in a few minutes.

Se ele não pedir, ofereça para trocar o café:
Would you like to change it?
Would you like me to change it?

Ou diga que vai trocar o café:
I'll change it for you.
I'll change it right away.

Para "**The coffee is cold.**" (O café está frio.), diga que vai trocar:
Would you like to change it?
Would you like me to change it?
I'll change it for you.
I'll change it right away.

ATENÇÃO
Algumas dessas soluções funcionam também para as reclamações sobre o chá.

II. Sabemos que algumas reclamações são mais comuns para determinados pratos ou bebidas. Sabemos também que, dependendo da reclamação ou do pedido, a resposta do garçom, que está relacionada com a providência que será tomada, também difere. Um exemplo: se o cliente disser que o café está frio, sua resposta (e providência) será uma, se o cliente pedir mais café, sua resposta (e providência) será outra. Por isso, ouvir bem qual é o pedido ou a reclamação do cliente é um fator muito importante para a resolução do problema e para o sucesso de seu atendimento.

III. As reclamações costumam ser um item delicado do atendimento e os restaurantes geralmente têm providências já acertadas para determinados tipos de problema. Siga sempre a orientação dada em seu local de trabalho.

LISTEN AND REPEAT

Agora que você já sabe como pode variar a situação 1, repita algumas das possíveis combinações que aprendeu:

I'll be right there, sir.
What can I do for you, sir?
I'm very sorry, sir. I'll see to it.
I apologize, sir. I'll change it for you.
I apologize, sir. I'll bring your order right away.
I'm sorry, sir. Would you like to order something else?
Would you like to move to another table?
I'll see what I can do.
Would you like to change it?
Would you like me to change it?
I'll change it for you.
I'll change it right away.

EXERCISES

I. **Categorize**

Escreva para cada item algumas reclamações possíveis. Observe o exemplo:

1. coffee: cold, strong, weak
2. meat: ____________________
3. beer: ____________________
4. pasta: ____________________
5. fruit juice: ____________________
6. dessert: ____________________

II. **Match**

Ligue a reclamação do cliente com uma resposta possível do garçom. Você poderá usar a mesma alternativa mais de uma vez:

( ) This soda is flat!	1. I apologize, sir. I'll bring your order right away.
( ) I ordered sparkling water. This is still!	2. I apologize, sir. I'll change it for you.
( ) This is a mistake. I ordered crab!	3. I apologize, sir. I'll see to it.
( ) I don't like this table very much.	4. I apologize, sir. Would you like to order something else?
( ) The juice is acid.	5. I apologize, sir. Would you like to move to another table?
( ) The tenderloin is undercooked.	6. Yes, sir. I'll bring it right away.
( ) The lasagna is burnt.	7. Just a moment, sir. I'll see what I can do.
( ) The meat is tough.	
( ) I ordered my dessert 15 minutes ago.	
( ) Waiter, this espresso is too strong. Can you bring me some hot water?	

THINK ABOUT

Cite uma reclamação que você ouviu recentemente. Como a resolveu? O que disse? Escreva como foi o diálogo.

____

____

____

____

____

____

____

____

AQUECENDO

Antes de começar a aprender coisas novas, observe a ilustração e pense um pouco sobre as seguintes questões:

Esta situação acontece em minha rotina de trabalho?

Consigo pensar em uma forma adequada de resolver isso em português?

Eu sei me comunicar nesta situação em inglês? O que eu posso ou devo dizer?

LISTEN AND READ

SITUATION 2

Answering to different requests

CUSTOMER 1: Waiter, *there's a mistake in the check.*

WAITER: I'll check it for you, sir. I'll be right back...
Excuse me, sir. Here's the right check.

CUSTOMER 1: Thank you.

CUSTOMER 2: Waiter, please.

WAITER: How may I help you?

CUSTOMER 2: I dropped *oil* on my pants.

WAITER: Just a moment, sir. I'll bring you some stain remover and a towel...
Here you are, sir.

STUDY
Personal belongings II, page 281.

CUSTOMER 3: Waiter, please. I was here a few hours ago and left my *cell phone* on the table.

WAITER: Just a moment, sir. I'll check it for you... Is this your *cell phone,* sir?

CUSTOMER 3: Yes, thank you.

WAITER: You are welcome, sir.

COMPREHENSION

Observe a situação 2 e responda verdadeiro (V) ou falso (F). No quadro abaixo, escreva a(s) palavra(s) que justifica(m) sua resposta. Observe o exemplo.

	VERDADEIRO OU FALSO?		JUSTIFIQUE
1.	O primeiro cliente reclama sobre a mesa.	(F)	there's a mistake in the check
2.	O garçom traz a conta corrigida em seguida.	( )	
3.	O segundo cliente derrubou algo em sua camisa.	( )	
4.	O garçom traz o tira-manchas e uma toalha.	( )	
5.	O terceiro cliente deixou o telefone celular em cima da cadeira.	( )	
6.	O garçom não encontra o celular do cliente.	( )	

VARIATIONS

O diálogo da situação 2 poderia ser diferente. Veja algumas das possíveis variações:

I. Se o cliente não estiver certo sobre a reclamação que fez da conta, você pode dizer algo como:
This is correct, sir.

E justificar, por exemplo, o valor de um prato ou a quantidade consumida, respectivamente:
The steak was R$ 50,00. (A carne custou R$ 50,00.)
You had two beers. (O senhor consumiu duas cervejas.)

Se preferir chamar o maître ou gerente, diga:
Just a moment, sir. I'll call the headwaiter.
Just a moment, sir. I'll call the manager.

II. Se você quiser fazer mais perguntas ao cliente sobre o item perdido, pode perguntar, por exemplo:
What brand is it? (a marca)
What color is it? (a cor)

Se você precisar encaminhá-lo para que pergunte, por exemplo, à recepcionista ou à hostess, diga:

Please ask the receptionist.
Please ask the hostess.

Caso o item perdido não esteja lá, você pode dizer:
I'm sorry, sir. It's not here.

LISTEN AND REPEAT

Agora que você já sabe como pode variar a situação 2, repita algumas das possíveis combinações que aprendeu:

I'll be right back...
Here's the right check.
This is correct, sir.
The steak was R$ 50,00.
You had two beers.
Just a moment, sir. I'll call the headwaiter.
Just a moment, sir. I'll call the manager.
How may I help you?
I'll bring you some stain remover and a towel.
Is this your cell phone, sir?
What brand is it?
What color is it?
Please ask the receptionist
Please ask the hostess.
I'm sorry, sir. It's not here.

EXERCISES

I. **Mark the correct alternative**

Escolha a alternativa correta para completar a conversa de forma adequada. Lembre-se: nas situações a seguir, o cliente está falando primeiro. Observe o exemplo.

CUSTOMER:	I'd like a table, please.
Waiter: ( )	Yes, sir. Here's the menu.
Waiter: (×)	Yes, sir. For how many?
Waiter: ( )	Yes, sir. Follow me, please.

1. CUSTOMER: Waiter, I think this bill is wrong. What cost R$ 65,00?

Waiter: ( )	a. I'm sorry, sir. I'll bring it right away.
Waiter: ( )	b. Just a moment, sir. I'll check it for you.
Waiter: ( )	c. Certainly, sir. Would you like some more coffee?

2. CUSTOMER: Waiter, I lost my wallet. Have you found it here?

Waiter: ( )	a. What color is it, sir?
Waiter: ( )	b. Certainly, sir. I'll change it for you.
Waiter: ( )	c. Certainly, sir. Here is the menu.

3. CUSTOMER: Waiter, I think I left my notebook here.

Waiter: ( )	a. I'm sorry, sir. I'll bring your order right away.
Waiter: ( )	b. How are you today?
Waiter: ( )	c. Please ask the hostess, sir.

4. CUSTOMER: Waiter, please!

Waiter: ( )	a. I'm sorry, sir. How may I help you?
Waiter: ( )	b. Yes, sir. What can I do for you?
Waiter: ( )	c. Here you are, sir.

5. CUSTOMER: I dropped red sauce on my shirt.

Waiter: ( )	a. Just a moment. I'll bring it right away.
Waiter: ( )	b. Just a moment. I'll change it right away.
Waiter: ( )	c. Just a moment. I'll bring you some stain remover right away.

II. **Match**

Ligue a função à frase correta. Desta vez, a função está em inglês. Para compreendê-la, procure palavras-chave. Em alguns casos, pode haver duas respostas.

FUNCTION	SENTENCE
1. Synonym to "May I help you?"	( ) I apologize, sir.
2. Customer does not like the food, offer a solution	( ) I apologize, sir. I'll see to it.

FUNCTION	SENTENCE
3. Answer to a complaint	( ) The XXX is R$ 50,00.
4. Synonym to "I'm sorry."	( ) How may I help you?
5. Check how to help the customer	( ) What can I do for you?
6. Inform the price for an item	( ) Would you like to order something else?

THINK ABOUT

Faça uma lista, em inglês, dos itens pessoais que os clientes costumam esquecer no restaurante. Lembre-se também do vocabulário aprendido em *Personal Belongings I* na página 38.

______________________ ______________________
______________________ ______________________
______________________ ______________________
______________________ ______________________
______________________ ______________________
______________________ ______________________

AQUECENDO

Antes de começar a aprender coisas novas, observe a ilustração e pense um pouco sobre as seguintes questões:

Esta situação acontece em minha rotina de trabalho?

Consigo pensar em uma forma adequada de resolver isso em português?

Eu sei me comunicar nesta situação em inglês? O que eu posso ou devo dizer?

LISTEN AND READ

SITUATION 3

Using the phone and giving information about time

WAITER: *Great Restaurant. Good evening. How may I help you?*

CUSTOMER: Good evening. Are you open every day?

WAITER: *No, we're closed on Mondays.*

CUSTOMER: What time do you serve dinner?

STUDY *Time II, page 284.*

WAITER: From Tuesdays to Sundays, from *7 pm to midnight.*

STUDY *Ordinals, months and dates, page 285.*

CUSTOMER: Ok. I'd like to book a table for Saturday night, December 10th, around 8 pm.

WAITER: Certainly, sir. What's your name, please?

CUSTOMER: Schwartz.

WAITER: Could you spell it, please?

STUDY *Alphabet, page 286.*

CUSTOMER: S - c - h - w - a - r - t - z.

WAITER: For how many?

CUSTOMER: For four, please.

WAITER: Yes, sir. Saturday 8 pm, four people, Mr. Schwartz.

CUSTOMER: That's right.

WAITER: Certainly, sir. Your reservation is made. Thank you for calling.

CUSTOMER: Thank you.

COMPREHENSION

Observe a situação 3 e responda verdadeiro (V) ou falso (F). No quadro ao lado, escreva a(s) palavra(s) que justifica(m) sua resposta. Observe o exemplo.

	VERDADEIRO OU FALSO?		JUSTIFIQUE
1.	O cliente pergunta se o restaurante abre todos os dias.	(V)	Are you open every day?
2.	O restaurante fecha aos domingos.	( )	
3.	O cliente pergunta sobre o horário do jantar.	( )	
4.	O garçom não sabe informar.	( )	
5.	O restaurante fica aberto até 23h.	( )	
6.	O cliente quer fazer uma reserva para o jantar do dia seguinte.	( )	
7.	O garçom pede que soletre seu nome.	( )	
8.	A reserva é para três pessoas.	( )	

VARIATIONS

O diálogo da situação 3 poderia ser diferente. Veja algumas das possíveis variações:

I. Para atender ao telefone, há sempre um padrão da empresa. Geralmente dizer o nome da empresa, cumprimentar e oferecer ajuda estão incluídos. Em alguns lugares, dizer o nome da pessoa que atendeu e o nome do departamento também podem fazer parte. Observe algumas opções e adapte-as aos padrões do seu local de trabalho.
Great Restaurant. Good evening. How may I help you?
Room service. João. Good evening. What can I do for you?

II. As possibilidades de horário de funcionamento são muitas.
Se o seu local de trabalho permanece aberto todos os dias e o cliente pergunta isso:
Are you open every day?

Você pode responder:

Yes, we are.

Se o cliente perguntar:

When do you open? (Quando vocês abrem?)

When are you open? (Quando vocês estão abertos?)

Você pode dizer:

We are open everyday.

We open everyday.

We open from Tuesdays to Sundays.

We close on Mondays

(We open) seven days a week.

Se o local não abre para uma das refeições, por exemplo, o jantar, você pode dizer:

We are closed for dinner.

We don't serve dinner.

ATENÇÃO

"We are closed..." e "We are open..." significam "Estamos fechados..." e "Estamos abertos...".
"We close..." e "We open..." significam "Fechamos..." e "Abrimos...".
No caso que estamos estudando, ambos estão corretos.

III. O cliente pode querer saber horários de funcionamento para uma refeição específica (*breakfast*, *lunch*, *dinner*). E então perguntará:

What time do you serve lunch?

Você pode responder:

From midday to three pm.

On Sundays, from 12 noon to four pm.

Caso haja um horário diferenciado para algum dia, você deverá destacá-lo.

Outras opções são:

From midday to the last customer. (até o último cliente)

24/7 (É uma forma coloquial de se dizer "24 horas por dia, 7 dias por semana".)

IV. Para reservar, o cliente pode usar as palavras *reserve*, *reservation* ou *book*, assim:

Can I reserve a table...?

I want to make a reservation for...

I'd like to book a table...

V. Algumas das perguntas para realizar uma reserva de mesa por telefone são as mesmas que você faz ao cliente quando o recepciona na entrada do restaurante. Revise o capítulo 1, se quiser.

VI. Caso o cliente não especifique o dia da reserva, você pode perguntar:
For when? (Para quando?)

VII. Caso o cliente não especifique o horário da reserva, você pode perguntar:
For what time?
What time?

VIII. Caso o restaurante não tenha espaço para essa reserva no horário solicitado, você pode sugerir outro horário:
I'm sorry, sir. There are no tables at 8 pm. Would 10 pm be all right?
I apologize, sir. All the tables are taken at 8. Would 10 pm be good for you?

Se não for possível uma sugestão de outro horário, você deve informar o cliente:
I'm sorry, sir. We are fully booked tomorrow night.

LISTEN AND REPEAT

Agora que você já sabe como pode variar a situação 3, repita algumas das possíveis combinações que aprendeu:

Great Restaurant. Good evening. How may I help you?
Room service. João. Good evening. What can I do for you?
No, we're closed on Mondays.
Yes, we are.
We are open everyday.
We open everyday.
We open from Tuesdays to Sundays.
We close on Mondays.
We open seven days a week.
We are closed for dinner.
We don't serve dinner.
From Tuesdays to Sundays, from 7 pm to midnight.
From midday to three pm.
On Sundays, from 12 noon to four pm.
From midday to the last customer.

24/7
For when?
For what time?
What time?
Could you spell it, please?
Saturday 8 pm, four people, Mr. Schwartz.
Your reservation is made.
Thank you for calling.
I'm sorry, sir. There are no tables at 8 pm. Would 10 pm be all right?
I apologize, sir. All the tables are taken at 8. Would 10 pm be good for you?
I'm sorry, sir. We are fully booked tomorrow night.

EXERCISES

I. **Complete the dialogue**

Use cada uma das frases abaixo apenas uma vez para completar o diálogo. Você pode escrever a frase ou utilizar as letras correspondentes. Cuidado: uma frase não será utilizada.

O telefonema de um hóspede de hotel pode ter como objetivo fazer um pedido de serviço de quarto. O hóspede pode pedir, por exemplo, o café da manhã para o dia seguinte (*tomorrow morning*) ou uma refeição rápida para aquele momento. A seguir você encontra um exemplo de diálogo. Complete-o com as frases sugeridas.

SENTENCE BANK

a. Yes, sir. Would you like some eggs?
b. You are welcome, sir.
c. Certainly, sir. Coffee, tea or hot chocolate?
d. What time would you like your breakfast?
e. Certainly, sir. Your name and room number, please?
f. Room service. Good morning. May I help you?
g. Would you like anything else?
h. About 15 minutes, sir.
i. Certainly, sir.

Waiter: ______________________________

Customer: I'd like to order continental breakfast for two for tomorrow morning.
Waiter: ______________________________

Customer: One coffee and one hot chocolate, please.
Waiter: ______________________________

Customer: Yes, two boiled eggs.
Waiter: ____________________

Customer: No, that's all.
Waiter: ____________________

Customer: Johnson, 1515.
Waiter: ____________________

Customer: At 7 am, please.
Waiter: ____________________

Customer: Thank you.
Waiter: ____________________

II. **Answer**

Responda as perguntas em inglês de acordo com seu local de trabalho.

a. Qual é o padrão para o atendimento telefônico?

____

b. Are you open everyday?

____

Se você trabalha em um restaurante:

a. What time do you serve breakfast?

____

b. What time do you serve lunch?

____

c. What time do you serve dinner?

____

Se você trabalha em um bar:

a. What time are you open?

____

THINK ABOUT

No exercício I, qual frase não foi usada? Por quê? Em que situação ela seria usada?

●●● AQUECENDO

Antes de começar a aprender coisas novas, observe a ilustração e pense um pouco sobre as seguintes questões:

Esta situação acontece em minha rotina de trabalho?

Consigo pensar em uma forma adequada de resolver isso em português?

Eu sei me comunicar nesta situação em inglês? O que eu posso ou devo dizer?

LISTEN AND READ

SITUATION 4

Checking the minibar in a hotel room

STUDY
Minibar items, page 282.

GUEST: Who is it?

EMPLOYEE: Minibar attendant, sir. May I come in?

GUEST: Yes?

EMPLOYEE: Good morning, sir. May I check the minibar?

GUEST: Yes, come in...

EMPLOYEE: Excuse me, sir... Just a moment, sir. I need to refill it.
... Sir, it's done. Thank you. Have a nice day. Excuse me.

COMPREHENSION

Observe a situação 4 e responda verdadeiro (V) ou falso (F). No quadro abaixo, escreva a(s) palavra(s) que justifica(m) sua resposta. Observe o exemplo.

	VERDADEIRO OU FALSO?		JUSTIFIQUE
1.	O atendente de frigobar apresenta-se à porta do apartamento do hóspede.	(V)	Minibar attendant, sir.
2.	O atendente de frigobar pede permissão para entrar.	( )	
3.	O atendente de frigobar pede permissão para fazer a conferência dos itens no frigobar.	( )	
4.	Ele não faz a reposição dos itens que estão faltando.	( )	
5.	Antes de sair, pede apenas licença.	( )	

VARIATIONS

O diálogo da situação 4 poderia ser diferente. Veja algumas das possíveis variações:

I. Esta situação faz parte da rotina dos hotéis. A responsabilidade pela conferência e reposição de itens do frigobar é do departamento de Alimentos e Bebidas em alguns hotéis. Em outros, o departamento de Governança faz esse serviço. Se a responsabilidade for do departamento de Governança, para se apresentar à porta, eles dirão:
Housekeeping.

Dentro do departamento de Alimentos e Bebidas, pode ser também que o serviço de quarto tome conta dessa tarefa, então eles dirão:
Room service.

II. Outra forma de falar que fará a reposição é:
I need to replenish it.

III. Durante a reposição, o hóspede pode perguntar sobre algum item que ele não conheça, assim: "**What is this?**" (O que é isso?). Você poderá responder simplesmente dizendo o que é:
Cashew nuts, sir.

IV. Algumas vezes, a conferência de frigobar acontece na saída do hóspede, no momento do fechamento da conta. Se você encontrar o hóspede durante essa conferência e souber que ele está de saída, poderá desejar a ele uma boa viagem, assim:
Have a nice trip.

LISTEN AND REPEAT

Agora que você já sabe como pode variar a situação 4, repita algumas das possíveis combinações que aprendeu:

Minibar attendant, sir. May I come in?
Housekeeping. May I come in?
Room service. May I come in?
May I check the minibar?
Just a moment, sir. I need to refill it.
I need to replenish it.
Cashew nuts, sir.
Sir, it's done. Thank you. Have a nice day. Excuse me.
Ma'am, it's done. Thank you. Have a nice trip. Excuse me.

EXERCISES

I. **Mark the correct alternative**
Escolha a alternativa correta para completar a conversa de forma adequada. Lembre-se: nas situações a seguir, o cliente está falando primeiro. Observe o exemplo.

CUSTOMER:	I'd like a table, please.
Waiter: ( )	Yes, sir. Here's the menu.
Waiter: (×)	Yes, sir. For how many?
Waiter: ( )	Yes, sir. Follow me, please.

1. CUSTOMER: I'd like to reserve a table for tonight around 9 pm.

Waiter: ( )	a. Certainly, sir. Follow me, please.
Waiter: ( )	b. Certainly, sir. For how many?
Waiter: ( )	c. Certainly, sir. For what time?

2. CUSTOMER: I'd like to reserve a table for ten people.

Waiter: ( )	a. Certainly, sir. For when?
Waiter: ( )	b. Certainly, sir. For how many?
Waiter: ( )	c. Certainly, sir. For what time?

3. CUSTOMER: I'd like to reserve a table for ten people for Sunday night.

Waiter: ( )	a. Certainly, sir. For when?
Waiter: ( )	b. Certainly, sir. For how many?
Waiter: ( )	c. Certainly, sir. For what time?

4. CUSTOMER: Are you open everyday?

Waiter: ( )	a. Yes, sir.
Waiter: ( )	b. No, we are open everyday.
Waiter: ( )	c. No, we are open seven days a week.

5. CUSTOMER: What is this? (guest points to an item in the minibar)

Waiter: ( )	a. May I check the minibar?
Waiter: ( )	b. Just a moment, sir. I need to refill it.
Waiter: ( )	c. Peanuts, sir.

6. CUSTOMER: Yes, come in. (guest opens the door)

Waiter: ( )	a. Excuse me. May I check the minibar?
Waiter: ( )	b. Potato chips, sir.
Waiter: ( )	c. Yes, sir. I'll bring it right away.

7. CUSTOMER: What time do you serve breakfast?

Waiter: ( )	a. From 6 am to 10 pm.
Waiter: ( )	b. From 6 pm to 10 pm.
Waiter: ( )	c. From 6 am to 10 am.

II. **Answer**

Responda as perguntas em inglês de acordo com o horário de funcionamento dos locais no hotel em que você trabalha. Perceba que os nomes usados em inglês são os mesmos que usamos em português.

1. What time is the **business center** open? ______________________
2. What time is the **sauna** open? ______________________
3. What time is the **fitness center** open? ______________________

THINK ABOUT

Volte à situação de conferência e reposição de frigobar e imagine dois finais diferentes para esse diálogo. No primeiro final que você criar, o hóspede continuará hospedado mais alguns dias. No segundo, o hóspede está indo embora naquele momento.

FINAL 1

____
____
____
____
____
____
____
____

FINAL 2

____
____
____
____
____
____
____
____

AQUECENDO

Antes de começar a aprender coisas novas, observe a ilustração e pense um pouco sobre as seguintes questões:

Esta situação acontece em minha rotina de trabalho?

Consigo pensar em uma forma adequada de resolver isso em português?

Eu sei me comunicar nesta situação em inglês? O que eu posso ou devo dizer?

LISTEN AND READ

SITUATION 5

Giving information about some services and places in the restaurant and hotel

STUDY
Hotel and restaurant places, page 287.

CUSTOMER 1: Where is the *ladies' room*?

EMPLOYEE: (It's) over there.

CUSTOMER 2: Where is the *restaurant*?

EMPLOYEE: (It's) on the *ground floor,* across from the *lobby.*

CUSTOMER 3: Where is the *business center*?

STUDY
Indoor locations, page 289.

EMPLOYEE: (It's) on the *second floor,* next to the *elevator.*

CUSTOMER 4: Where is the *fitness center*?

EMPLOYEE: (It's) on the *top floor,* near the *sauna.*

CUSTOMER 5: *How can I get to the main conference room?*

EMPLOYEE: *Go up one floor and turn left. It's the third door on your right.*

CUSTOMER 6: *Can you tell me how to get to the indoor pool?*

EMPLOYEE: *Yes, sir. Take the elevator to the top floor. When you leave the elevator, walk to the end of the hall.*

STUDY
Indoor directions, page 289.

COMPREHENSION

Observe a situação 5 e responda verdadeiro (V) ou falso (F). No quadro ao lado, escreva a(s) palavra(s) que justifica(m) sua resposta. Observe o exemplo.

	VERDADEIRO OU FALSO?		JUSTIFIQUE
1.	No primeiro diálogo, o garçom conversa provavelmente com uma mulher.	(V)	Where is the ladies' room?
2.	O restaurante da segunda pergunta fica dentro de um hotel.	( )	
3.	O business center fica localizado no andar térreo.	( )	
4.	A academia fica ao lado da sauna na cobertura.	( )	
5.	O cliente do diálogo 5 precisa de explicações para chegar ao local que procura.	( )	
6.	O cliente do diálogo 6 não precisará do elevador.	( )	

VARIATIONS

As respostas apresentadas nos diálogos da situação 5 têm muitas combinações possíveis.

I. Informar uma localização é mais simples e direto do que explicar um caminho (*directions*). Preste sempre atenção na dúvida do cliente antes de responder. Do que ele precisa?

II. Para informar a localização, se o local procurado estiver no mesmo andar em que você e o cliente estão, você pode dizer:
Over there.
Down the hall.
First door on the left.
Between the coffee shop and the lobby.

Sendo em andar diferente, adicione o andar:
On the second floor, third door on the right.
On the tenth floor, next to the spa.

III. Para informar a direção, ou seja, como se chega até o local, você pode dizer:

Go down the hall.

Turn right.

Cross the lobby.

Take the elevator to the second floor.

Go up one floor.

Mais exemplos das variações estão em *Indoor locations and directions*, na página 289:

LISTEN AND REPEAT

Agora que você já sabe como pode variar a situação 4, repita algumas das possíveis combinações que aprendeu:

It's over there.

It's on the ground floor, across from the lobby.

It's on the second floor, next to the elevator.

It's on the top floor, near the sauna.

Down the hall.

First door on the left.

Between the coffee shop and the lobby.

On the second floor, third door on the right.

On the tenth floor, next to the spa.

Go up one floor and turn left. It's the third door on your right.

Take the elevator to the top floor. When you leave the elevator, walk to the end of the hall.

Go down the hall.

Turn right.

Cross the lobby.

Take the elevator to the second floor.

Go up one floor.

EXERCISES

I. **Identify**

Identifique nas respostas a seguir o que é *location* (L) e o que é *direction* (D).

1. Cross the lobby, turn left. It's the first door on the right.	( )
2. The gift shop is by the swimming pool.	( )
3. Go down the hall and turn right.	( )
4. The SPA is on the top floor.	( )
5. The bar is on the right, between the lobby and the restaurant	( )
6. Take the escalator. It's on your left.	( )

ATENÇÃO

Perceba que sempre que você explica um caminho (*directions*), você utiliza uma palavra que indica uma ação (*cross*, *go*, *take*...).

II. **Research**

Utilize as informações de seu local de trabalho para montar a tabela. Observe o exemplo:

SERVICE	OPENING TIMES	LOCATION
Great Piano Bar	From Tuesdays to Thursdays – from 7 pm to 1 am On Fridays and Saturdays – from 6 pm to the last customer On Sundays – from 6 pm to midnight Closed on Mondays	2nd floor, next to the business center

THINK ABOUT

Pense em como explicar ao cliente as seguintes direções, levando em conta como ponto de partida o seu posto de trabalho:

Where's the restroom?

____

____

____

Where's the cashier?

____

____

____

Where is the kitchen?

____

____

____

AQUECENDO

Antes de começar a aprender coisas novas, observe a ilustração e pense um pouco sobre as seguintes questões:

Esta situação acontece em minha rotina de trabalho?

Consigo pensar em uma forma adequada de resolver isso em português?

Eu sei me comunicar nesta situação em inglês? O que eu posso ou devo dizer?

LISTEN AND READ

SITUATION 6

Giving outdoor directions

STUDY *Public places,* page 290.

CUSTOMER 1: Where's the *nearest drugstore*?
EMPLOYEE: (It's) On the right corner.

CUSTOMER 2: Where can I find a *bookstore around here*?
EMPLOYEE: Across from the restaurant.

CUSTOMER 3: Where is the *bank*?
EMPLOYEE: It's on Paulista Ave.

CUSTOMER 4: Where can I find some shops around here?
EMPLOYEE: Walk to the corner and turn left.

STUDY
Outdoor locations and directions, page 291.

CUSTOMER 5: How can I get to a shopping center near here?
EMPLOYEE: Go straight ahead for three blocks. It's next to the post office.

CUSTOMER 6: I'd like to go to an exchange bureau. Can you help me?
EMPLOYEE: You should take a taxi, sir. It's about 15 minutes from here by car.

COMPREHENSION

Observe a situação 6 e responda verdadeiro (V) ou falso (F). No quadro ao lado, escreva a(s) palavra(s) que justifica(m) sua resposta. Observe o exemplo.

	VERDADEIRO OU FALSO?		JUSTIFIQUE
1.	O primeiro cliente pergunta sobre a farmácia.	(V)	Where's the nearest drugstore?
2.	O que o cliente do diálogo 2 procura é bem perto do restaurante.	( )	
3.	O terceiro diálogo é sobre uma banca.	( )	
4.	É possível ir à pé às lojas que o cliente do diálogo 4 procura.	( )	
5.	O shopping center do diálogo 5 também é próximo.	( )	
6.	O cliente do diálogo 6 procura uma casa de câmbio.	( )	

VARIATIONS

O diálogo da situação 6 poderia ser diferente. Veja algumas das possíveis variações:

I. Da mesma forma que foi visto na situação 5, há momentos em que uma simples informação de local basta para o cliente e há momentos em que ele precisará de uma explicação de como chegar. Algumas expressões já aprendidas poderão ser utilizadas aqui também.

II. Se você não souber informar, pode dizer isso e buscar ajuda:
I'm sorry, I don't know. Just a moment. I'll call the manager.
I'm sorry, I don't know. Please ask the receptionist.

LISTEN AND REPEAT

Agora que você já sabe como pode variar a situação 6, repita algumas das possíveis combinações que aprendeu:

On the right corner.
Across from the restaurant.
It's on Paulista Ave.
Walk to the corner and turn left.
Go straight ahead for three blocks. It's next to the post office.
You should take a taxi, sir. It's about 15 minutes from here by car.
I'm sorry, I don't know. Just a moment. I'll call the manager.
I'm sorry, I don't know. Please ask the receptionist.

EXERCISES

I. **Identify**

Identifique nas respostas abaixo o que é *location* (L) e o que é *direction* (D).

1. Cross the street, turn left. It's on the right corner.	( )
2. The bookstore is in the shopping center.	( )
3. The bank is over there, next to the supermarket.	( )
4. Go straight ahead for two blocks and turn right.	( )
5. Turn the first right. It's in the middle of the block.	( )
6. The cinema is next to the restaurant.	( )

II. **Research**

Utilize as informações de seu local de trabalho para montar um pequeno mapa. Primeiro preencha o que fica à direita e à esquerda do restaurante onde trabalha. Depois preencha o que fica do outro lado da rua. Em seguida, complete as frases:

____________	RESTAURANT	____________
	____________ STREET/ AVENUE	
____________	____________	____________

1. The restaurant is on ______________________________ street/ avenue.
2. The ___________________________ is on the left.
3. The ___________________________ is on the right.
4. The ___________________________ is across from the restaurant.

THINK ABOUT

Quais são os locais mais procurados pelos clientes que frequentam o restaurante onde trabalha? Você sabe explicar ao cliente como chegar lá em inglês? Escolha os três mais pedidos e escreva aqui sua explicação.

1. _________________ : ____
2. _________________ : ____
3. _________________ : ____

VOCABULARY

FOOD AND DRINK COMPLAINTS

LISTEN AND REPEAT

Aprenda o que cliente pode utilizar para fazer reclamações sobre a comida

acid [ácido]
bitter [amargo]
bland [insosso/ sem sal]
burnt [queimado]
cold [frio]
dirty [sujo]
flat [sem gás]
off [estragado]
rancid [rançoso]
salty [salgado]
sour [azedo]
stale [amanhecido]
strong [forte]
tasteless [sem gosto]
watery [aguado]
weak [fraco]

MEAT COMPLAINTS

LISTEN AND REPEAT

Aqui estão algumas reclamações sobre a carne

overcooked [acima do ponto pedido]
raw [crua]
tough [dura]
undercooked [abaixo do ponto pedido]

OTHER COMPLAINTS

LISTEN AND REPEAT

Estude também outras possíveis reclamações

loud [alto (volume)]
noisy [barulhento]
drafty [com corrente de ar]

PERSONAL BELONGINGS II

LISTEN AND REPEAT

1

2

3

4

5

6

7

8

9

EXERCISE

Match the pictures to the names.

Ligue as figuras aos seus nomes utilizando os números que estão nos quadros.

I. Personal items [itens pessoais]	II. Clothes [roupas]
[ ] cell phone/ cellular phone/ mobile phone [telefone celular]	[ ] pants [calças]
[ ] glasses [óculos]	[ ] shirt [camisa]
[ ] pen [caneta]	[ ] suit [terno]
[ ] sunglasses [óculos de sol]	
[ ] towel [toalha]	
[ ] wallet [carteira]	

MINIBAR ITEMS

LISTEN AND REPEAT

Estude os itens que compõem um frigobar

beer [cerveja]
bottle [garrafa]
can [lata]
cashew nuts [castanhas de caju]
cereal bar [barra de cereais]
chewing gum [goma de mascar]
chocolate bar [barra de chocolate]
chocolate candies [bombom ou balas de chocolate]
chocolate milk [achocolatado]
coconut water [água de coco]
cognac [conhaque]
crackers [bolachas salgadas tipo cream-cracker]
cup [xícara ou copo plástico]
energy drink [energético]

fruit juice [suco de frutas]
gin [gin]
ice cubes [cubos de gelo]
ice tea [chá gelado]
instant coffee [café solúvel]
peanuts [amendoim]
potato chips [batatas chips]
rum [rum]
soft drinks/ sodas [refrigerantes]
sparkling mineral water [água mineral com gás]
still mineral water [água mineral sem gás]
tea [chá]
tonic water [água tônica]
vodka [vodka]
whisky [uísque]

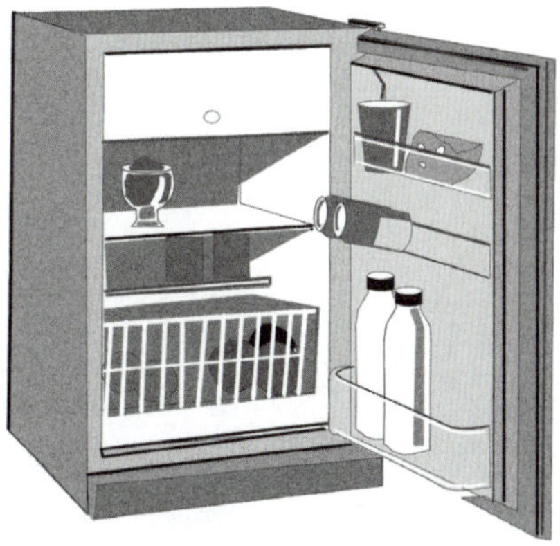

EXERCISE

Categorize
Observe as palavras acima e coloque cada uma delas na coluna que corresponde a sua categoria.

BEBIDAS ALCOÓLICAS	BEBIDAS NÃO ALCOÓLICAS	RECIPIENTES

SALGADOS	DOCES	OUTROS

BASICS

TIME II

LISTEN AND REPEAT

USING *PAST*		USING *TO*	
1:05	five past one am	**7:35**	twenty-five to eight am
2:10	ten past two am	**8:40**	twenty to nine am
3:15	fifteen past three am /	**9:45**	fifteen to ten am /
	a quarter past three am		a quarter to ten am
4:20	twenty past four am	**10:50**	ten to eleven am
5:25	twenty-five past five am	**11:55**	five to twelve am
6:30	half past six am	**13:35**	twenty-five to two pm
12:05	five past twelve pm	**14:40**	twenty to three pm
19:10	ten past seven pm	**15:45**	fifteen to four pm /
20:15	fifteen past eight pm /		a quarter to four pm
	a quarter past eight pm	**16:50**	ten to five pm
21:20	twenty past nine pm	**17:55**	five to six pm
22:25	twenty-five past ten pm	**18:35**	twenty-five to seven pm
23:30	half past eleven pm	**12:40**	twenty to one pm
0:10	ten past twelve am	**0:45**	fifteen to one am /
			a quarter to one am

ATENÇÃO

For *past*, write backwards (←).
(Para *past*, escreva de trás para frente)

Example:

1. You hear: **ten past one.**
2. You write: ___**:10**
3. And then you write **1:10**

For *to*, think in Portuguese to calculate.
(Para *to*, pense em português para calcular)

Example:

1. You hear: **ten to ten**
2. You think: **dez para as dez = nove e cinquenta**
3. Then you write: **9:50**

EXERCISES

I. Write the times in a 24-hour clock

Observe o exemplo e escreva os horários em um relógio 24 horas.

five past eleven am	11:05	8. half past one am	
1. ten to nine pm		9. five to three am	
2. twenty-five past ten am		10. a quarter to four am	
3. twenty to twelve am		11. five to five am	
4. a quarter past three pm		12. five past twelve pm	
5. twenty past ten pm		13. fifteen past eight pm	
6. twenty-five to ten pm		14. a quarter to nine am	
7. ten past two pm		15. five past five am	

II. Use numbers **and** words. Write about yourself...

Escreva usando os numerais e as palavras. Escreva sobre você.

1. What time do you get up? (A que horas você se levanta?)

___

2. What time do you have lunch? (A que horas você almoça?)

___

ORDINAL NUMBERS, MONTHS AND DATES

LISTEN AND REPEAT

MONTHS	ORDINAL NUMBERS					
JANUARY	1st	first	13th	thirteenth	25th	twenty-fifth
FEBRUARY	2nd	second	14th	fourteenth	26th	twenty-sixth
MARCH	3rd	third	15th	fifteenth	27th	twenty-seventh
APRIL	4th	fourth	16th	sixteenth	28th	twenty-eighth
MAY	5th	fifth	17th	seventeenth	29th	twenty-ninth
JUNE	6th	sixth	18th	eighteenth	30th	thirtieth
JULY	7th	seventh	19th	nineteenth	31st	thirty-first
AUGUST	8th	eighth	20th	twentieth		
SEPTEMBER	9th	ninth	21st	twenty-first		
OCTOBER	10th	tenth	22nd	twenty-second		
NOVEMBER	11th	eleventh	23rd	twenty-third		
DECEMBER	12th	twelfth	24th	twenty-fourth		

ATENÇÃO

1. What's the **date** today/ tomorrow?

ő (Today is) November 23rd, 1970 = November twenty-third, nineteen seventy = 11/23/1970

ő (Tomorrow is) February 11th, 2009 = February eleventh, two thousand and nine = 02/11/2009

2. What **day** is today/ tomorrow?

ő (Today is) Monday.

ő (Tomorrow is) Tuesday.

EXERCISES

I. Write the dates using numbers:

Escreva as datas utilizando números, como no exemplo.

1.	January twenty-first, nineteen forty-four	01/ 21/ 1944
2.	September thirtieth, nineteen-o-seven	
3.	August second, two thousand and five	
4.	December twenty-third, nineteen seventy	
5.	March twenty-first, two thousand and one	
6.	October, fifth, nineteen ninety-two	

II. Use numbers **and** words.

Escreva usando os numerais e as palavras

When is your birthday? (a data de seu aniversário)

____

ALPHABET

LISTEN AND REPEAT

A	B	C	D	E	F	G	H	I
J	K	L	M	N	O	P	Q	R
S	T	U	V	W	X	Y	Z	

EXERCISE

A: How do you spell your favorite word in English? (Como se soletra a sua palavra favorita em inglês?)

B: ____

HOTEL AND RESTAURANT PLACES

LISTEN AND REPEAT

Aprenda os nomes dos locais e serviços de um hotel

bar [bar]
beauty salon/ hair dresser [salão de beleza]
business center [business center]
cashier [caixa]
chapel [capela]
coffee shop [café/ lanchonete]
convention center [centro de convenções]
cinema/ movie theater [cinema]
courts [quadras]
dry/ steam sauna [sauna seca/ úmida]
elevator [elevador]
escalator [escada rolante]
fitness center [sala de ginástica]
flower shop [floricultura]
garden [jardim]
(gift) shop [loja (de presentes)]
(heated) (swimming) pool [piscina (aquecida)]
jewelry shop [joalheria]
ice machine [máquina de gelo]

kitchen [cozinha]
ladies' room [toalete feminino]
library [biblioteca]
lobby [saguão]
meeting/ conference rooms [sala de reuniões/ conferência]
men's room [toalete masculino]
private room [sala privativa]
reception/ front desk [recepção]
restaurant [restaurante]
restrooms [toaletes]
spa [spa]
stairs [escada]
telephones [telefones]
terrace/ verandah [terraço/ varanda]
tv room [sala de TV]
Wi-fi/ wireless (room/ area/ zone) [espaço para o uso de internet sem fio]
wine cellar [adega]

EXERCISE

Dos locais e serviços acima listados, quais são os que **não existem** em seu hotel? Para dizer que **há** um serviço ou local em seu hotel, você diz, por exemplo:

"**There is** a business center on the second floor"

Para dizer que **não há** um serviço ou local em seu hotel, você diz, por exemplo:

"**There isn't** a heated swimming pool here".

Agora é sua vez. Faça frases com as expressões que aprendeu.

____

____

____

____

____

____

____

____

____

____

INDOOR LOCATIONS AND DIRECTIONS

LISTEN AND REPEAT

Estude como informar onde se localizam os serviços do hotel

LOCATIONS

English	Portuguese
down the hall	em frente no corredor
on the right	à direita
on the left	à esquerda
first door on the right	primeira porta à direita
third door on the left	terceira porta à esquerda
on the first floor	no primeiro andar
on the top floor	na cobertura
on the ground floor	no térreo
one floor up	um andar acima
two floors down	dois andares abaixo
over there	ali/ lá
upstairs	no andar de cima
downstairs	no andar de baixo

DIRECTIONS

English	Portuguese
go down the hall	vá em frente
turn right	vire à direita
turn left	vire à esquerda
turn the second right	vire a segunda à direita
turn the third left	vire a terceira à esquerda
cross the hall	atravesse o corredor
cross the door	cruze a porta
go up one floor	suba um andar
go down one floor	desça um andar

OTHER PREPOSITIONS

English	Portuguese
across from	do outro lado
after	depois
before	antes

DIALOGUE EXAMPLES:

A: Where's the *coffee shop?*
B: *One floor down, next to the shops.*

A: Can you tell me where the *men's room* is?
B: *Turn the second right, it's the first door on the left.*

A: I need to find the *business center.*
B: *Over there, by the elevator.*

A: How can I get to the *bar*?
B: *Cross the hall, it's near the swimming pool.*

EXERCISE

Look at the example and match

Partindo da flecha, siga as instruções e marque os números a que chega, como no exemplo. Uma das instruções vai ficar sem número.

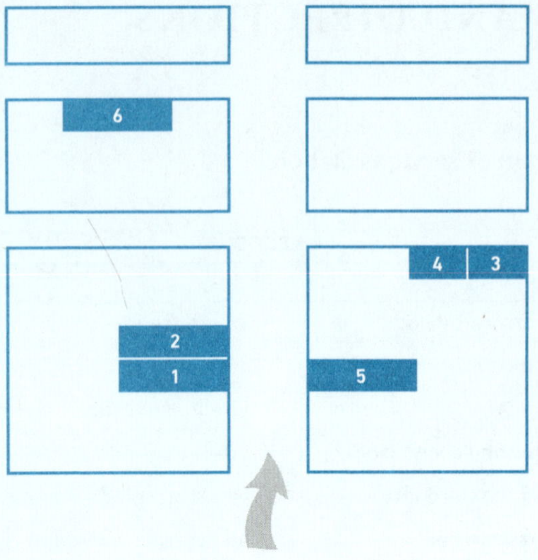

[4] Turn the first right, it's on the right.

[ ] It's over there, on the right.

[ ] Turn the second left, it's on the right.

[ ] It's the second door on the left.

[ ] It's on the left, across from 5.

[ ] Turn right, it's second door on the right.

[ ] Turn the second left, it's on the left.

PUBLIC PLACES

LISTEN AND REPEAT

Aprenda os nomes dos locais e serviços de uma cidade

bank [banco]
bar [bar]
bookstore [livraria]
car rental [aluguel de carro]
store/ shop [loja]
drugstore [farmácia]

exchange bureau [casa de câmbio]
hospital [hospital]
museum [museu]
newsstand [banca de jornais]
night club [night club]
post office [correio]
restaurant [restaurante]
shopping center/ mall [shopping center]
steak house [churrascaria]
supermarket [supermercado]
theater [teatro]

EXERCISE

Agora use "There is" e "There are" para falar ou escrever sobre os arredores do hotel em que trabalha. Observe o exemplo: "**There is** a bank in the corner. **There isn't** a supermarket near here."

____

____

____

OUTDOOR LOCATIONS AND DIRECTIONS

LISTEN AND REPEAT

Estude como informar onde se localizam os serviços de uma cidade

LOCATIONS

English	Portuguese
on the corner	na esquina
in the middle of the block	no meio do quarteirão
on the right	à direita
on the left	à esquerda
over there	ali/ lá

DIRECTIONS

English	Portuguese
go straight ahead	vá em frente
walk to ___ Street/ Ave.	ande até a Rua/Av. ___
walk to the corner	ande até a esquina

DIRECTIONS

English	Portuguese
walk to the traffic lights	ande até o farol
walk two blocks	ande dois quarteirões
turn right (on ___ St.)	vire à direita (na Rua ___)
turn left (on ___ Ave.)	vire à esquerda (na Av. ___)
turn the second right	vire a segunda à direita
turn the third left	vire a terceira à esquerda
cross the street	atravesse a rua

A: Where's the *nearest drugstore*?
B: *(There's one) on the right corner.*

A: Where can I find some *shops* around here?
B: *Walk to the corner and turn left.*

A: Where can I find a *bookstore* around here?
B: *(It's) across from the restaurant.*

A: How can I get to _______________ ?
B: You should probably take a taxi, sir. It's near ______.

A: Where is the *bank*?
B: *It's on ____ St./ Ave.* (or)
I'm sorry, I don't know.

A: I'd like to go to an *exchange bureau*. Can you help me?
B: *Go straight ahead and turn the third left. It's between the post office and the drugstore.*

GLOSSARY 6

FUNCTION	ENGLISH	SIT	PORTUGUESE	PROFESSIONAL TIPS
Desculpar-se	I'm very sorry./ I apologize.	1	Desculpe-me.	
Informar que vai tomar providências	I'll see to it./ I'll see what I can do.	1	Vou tomar providências./ Vou ver o que posso fazer.	
Dizer que está indo	I'll be right there.	1	Estou indo imediatamente.	

FUNCTION	ENGLISH	SIT	PORTUGUESE	PROFESSIONAL TIPS
Perguntar como pode ajudar	What can I do for you?	1	O que posso fazer pelo(a) senhor(a)?	
Dizer que vai trocar algo	I'll change it for you.	1	Trocarei para o/a Sr(a).	
Dizer que vai trazer o pedido imediatamente	I'll bring your order right away.	1	Trarei seu pedido imediatamente.	
Perguntar se quer pedir alguma outra coisa	Would you like to order something else?	1	Gostaria de pedir outro prato?	
Oferecer outra mesa	Would you like to move to another table?	1	Gostaria de outra mesa?	Lembre-se que a providência depende do problema a ser resolvido.
Dizer que volta logo	I'll be right back.	2	Eu volto logo.	
Entregar a conta corrigida	Here's the right check.	2	Aqui está a conta correta.	Estas frases servem para você afirmar que a conta está correta.
Afirmar que a conta está correta	This is correct.	2	Isto está correto.	
Justificar os valores da conta	The steak was R$ 50,00.	2	A carne custou R$ 50,00.	
Justificar os valores da conta	You had two beers.	2	O(A) senhor(a) consumiu duas cervejas.	
Oferecer ajuda	How may I help you?	2	Como posso ajudá-lo?	
Informar sobre removedor de manchas	I'll bring you some stain remover (and a towel).	2	Trarei o removedor de manchas (e uma toalha).	A maioria dos restaurantes tem um tira-manchas à disposição.
Perguntar se aquele objeto pertence a ele	Is this your cell phone?	2	Este é o seu celular?	Antes de entregar o objeto perdido ao cliente, certifique-se de que pertence a ele.
Perguntar características do objeto perdido	What brand is it?/ What color is it?	2	Qual é a marca?/ Qual é a cor?	
Pedir que se informe com outra pessoa	Please ask the receptionist/ hostess.	2	Por favor, pergunte à recepcionista/ hostess.	Essa frase serve também para você encaminhar pedidos que não pode atender.
Informar que o objeto não está lá	It's not here.	2	Não está aqui.	

FUNCTION	ENGLISH	SIT	PORTUGUESE	PROFESSIONAL TIPS
Informar sobre horários de funcionamento	No, we're closed on Mondays.	3	Estamos fechados às segundas-feiras.	
Informar sobre horários de funcionamento	We are open everyday./ We open from Tuesdays to Sundays./ We open seven days a week./ We are closed for dinner./ We don't serve dinner./ (On Sundays,) From 12 noon to four pm./ From midday to the last customer./ 24/7.	3	Estamos abertos todos os dias./ Abrimos de terça-feira a domingo./ Abrimos sete dias por semana./ Fechamos para o jantar./ Não servimos o jantar./ (Aos domingos), de meio-dia às 16h00./ De meio-dia até o último cliente./ 24 horas por dia, 7 dias por semana.	Adapte a informação sobre os horários de funcionamento ao seu local de trabalho.
Perguntar sobre a data da reserva	For when?/ For what time?	3	Para quando?/ Para que horas?	Estas são informações importantes para uma reserva.
Informar sobre disponibilidade de reserva	There are no tables at 8 pm. Would 10 pm be all right?/ All the tables are taken at 8. Would 10 pm be good for you?/ We are fully booked tomorrow night.	3	Não há mesas disponíveis às 20h. Poderia ser às 22h?/ Todas as mesas estão ocupadas às 20h. 22h seria um bom horário para o(a) senhor(a)?/ Estamos lotados amanhã à noite.	
Identificar-se	Minibar attendant./ Housekeeping./ Room service.	4	Atendente de frigobar./ Governança./ Serviço de quarto.	
Pedir permissão para verificar o frigobar	May I check the minibar?	4	Posso verificar o frigobar?	
Dizer que precisa fazer a reposição	I need to refill/ replenish it.	4	Preciso fazer a reposição.	
Informar que foi feito	It's done.	4	Está feito.	
Desejar uma boa viagem	Have a nice trip.	4	Tenha uma boa viagem.	
Informar a localização dentro do restaurante ou hotel	(It´s) over there.	5	(É) ali.	
Explicar o caminho dentro do restaurante ou hotel	Go up one floor and turn left. It's the third door on your right.	5	Suba um andar e vire à esquerda. É a terceira porta à sua direita.	Há muitas formas de se perguntar localização e direção, concentre-se na informação de que seu cliente precisa.

FUNCTION	ENGLISH	SIT	PORTUGUESE	PROFESSIONAL TIPS
Explicar o caminho nas ruas da cidade	Go straight ahead for three blocks. It's next to the post office.	6	Siga três quarteirões. É ao lado do correio.	
Recomendar a forma de chegar	You should take a taxi. It's about 15 minutes from here by car.	6	O(A) senhor(a) deveria tomar um táxi. É aproximadamente 15 minutos daqui de carro.	
Dizer que não sabe informar	I don't know.	6	Eu não sei.	

BÔNUS 6

Agora que já estudou o capítulo 6, construa diálogos que têm como inspiração as ilustrações que iniciam as situações. O glossário pode ajudar você nesta tarefa.

QUIZ 6

DESAFIO

Faça o teste abaixo. Se você acertar pelo menos oito das dez questões, você está de parabéns, pois terá encerrado o curso! Se acertar menos que isso, por que não faz a revisão da página anterior novamente?

EXERCISE I

Listen to the customer's requests and mark the correct answer:

1.

a. I'll bring it right away, ma'am.
b. I'll be right there, ma'am.
c. I'll change it for you, ma'am.
d. I'll change it right away, ma'am.
e. I'm sorry, ma'am. I don't know.

2.

a. I'll change it for you, ma'am.
b. I'll bring your coffee right away, ma'am.
c. Would you like some coffee?
d. Would you like some tea?
e. I'll bring you a Nespresso.

3.

a. I'll bring it right away, ma'am.
b. Yes, ma'am. We accept all credit cards.
c. How may I help you?
d. Please ask room service.
e. I'm sorry, ma'am. I'll check it for you.

4.

a. 24 hours.
b. From 6 to 10 pm.
c. 24/7
d. From 6 to 10 am.
e. From 6 am to the last customer.

5.

a. It is closed today, ma'am.
b. It is on the top floor.
c. It is over there, ma'am, second door on the right.
d. Cross the street and turn right.
e. I don't know, ma'am. I'm sorry.

6.

a. I apologize, ma'am. Would you like to order something else?
b. Yes, ma'am. I'll bring your steak right away.
c. What can I do for you?
d. The steak is very nice, sir.
e. Would you like to see the menu?

EXERCISE II

Listen to the customer's request and put the number next to the corresponding picture. Two pictures will be left out on purpose:

A

(   )

B

(   )

C

(   )

D

(   )

E

(   )

F

(   )

Seus acertos: ______

CHAPTER 6 – ANSWERS

SITUATION 1

COMPREHENSION

1.	(V)	I ordered ravioli. This is spaghetti.
2.	(V)	I'll see to it.
3.	(F)	the tea is cold
4.	(V)	I'll change it for you.
5.	(F)	I ordered a Coke 20 minutes ago.
6.	(F)	I'll bring your order right away.
7.	(V)	This meat is tough.
8.	(F)	Would you like to order something else?
9.	(F)	this air conditioner is too cold
10.	(F)	Would you like to move to another table?
11.	(V)	the music is too loud.
12.	(V)	I'll see what I can do.

EXERCISES

I. Respostas sugeridas:

1. coffee: cold, strong, weak
2. meat: tough, cold, salty, burnt, undercooked
3. beer: flat, not cold

ANSWERS

4. pasta: tasteless, salty, bland
5. fruit juice: watery, acid, bitter
6. desserts: sour, tasteless

II. 2, 2/1, 2/3, 5/7, 2/3, 2/3, 2/3/4, 2/3/4, 1/3, 6

THINK ABOUT

Resposta pessoal

SITUATION 2

COMPREHENSION

1.	(F)	there's a mistake in the check
2.	(V)	I'll be right back... Here's the right check.
3.	(F)	I dropped oil on my pants.
4.	(V)	I'll bring you some stain remover and a towel.
5.	(F)	left my cell phone on the table
6.	(F)	Is this your cell phone, sir? Yes.

EXERCISES

I. 1.b, 2.a, 3.c, 4.b, 5.c

II. 4, 3, 6, 1/5, 1/5, 2

THINK ABOUT

Resposta pessoal

SITUATION 3

COMPREHENSION

1.	(V)	Are you open every day?
2.	(F)	we're closed on Mondays
3.	(V)	What time do you serve dinner?
4.	(F)	From Tuesdays to Sundays, from 7 pm to midnight
5.	(F)	midnight
6.	(F)	I'd like to book a table for Saturday night
7.	(V)	Could you spell it, please?
8.	(F)	For four

ANSWERS

EXERCISES

I. f / c / a / g / e / d / i / b

II. Resposta pessoal.

THINK ABOUT

Frase h. About 15 minutes, sir.
Seria usada para um pedido feito naquele momento para ser consumido em seguida. O cliente poderia perguntar quanto tempo iria demorar.

SITUATION 4

COMPREHENSION

1.	(V)	Minibar attendant, sir
2.	(V)	May I come in?
3.	(V)	May I check the minibar?
4.	(F)	I need to refill it.
5.	(F)	Have a nice day. Excuse me.

EXERCISES

I. 1.b, 2.a, 3.c, 4.a, 5.c, 6.a, 7.c

II. Resposta pessoal.
(Use: from... to...)

THINK ABOUT

Resposta pessoal

SITUATION 5

COMPREHENSION

1.	(V)	Where is the ladies' room?
2.	(V)	across from the lobby
3.	(V)	It's on the second floor
4.	(V)	It's on the top floor, near the sauna.
5.	(V)	How can I get to the main conference room?
6.	(F)	Take the elevator to the top floor

ANSWERS

EXERCISES

I. 1.D, 2.L, 3.D, 4.L, 5.L, 6.D

II. Resposta pessoal

THINK ABOUT

Resposta pessoal

SITUATION 6

COMPREHENSION

1.	(V)	Where's the nearest drugstore?
2.	(V)	Across from the restaurant.
3.	(F)	Where is the bank?
4.	(V)	Walk to the corner
5.	(V)	Go straight ahead for three blocks.
6.	(V)	I'd like to go to an exchange bureau

EXERCISES

I. 1.D, 2.L, 3.L, 4.D, 5.D, 6.L

II. Respostas pessoais.

THINK ABOUT

Resposta pessoal

VOCABULARY

Personal Belongings II: Personal items: 1, 3, 7, 2, 8, 9 / Clothes: 5, 6, 4

Minibar Items

bebidas alcoólicas	bebidas não alcoólicas	recipientes
beer vodka gin rum whisky cognac	chocolate milk coconut water energy drink fruit juice ice tea instant coffee soft drinks/ sodas sparkling mineral water still mineral water tea tonic water	bottle cup can

ANSWERS

salgados	doces	outros
cashew nuts crackers peanuts potato chips	cereal bar chewing gum chocolate bar chocolate candies	ice cubes

BASICS

Time II

I.

1. 20:50	9. 2:55
2. 10:25	10. 3:45
3. 11:40	11. 4:55
4. 15:15	12. 12:05
5. 22:20	13. 20:15
6. 21:35	14. 8:45
7. 14:10	15. 5:05
8. 1:30	

II. Respostas pessoais.

Ordinal numbers, months and dates

I.

2. 09/30/1907
3. 08/2/2005
4. 12/23/1970
5. 03/21/2001
6. 10/5/1992

II. Resposta pessoal.

Alphabet: Resposta pessoal.

Hotel and Restaurant Places: Resposta pessoal.

Indoor Locations and Directions: 4, 5, -, 2, 1, 3, 6

Public Places: Resposta pessoal.

BONUS 6

Resposta pessoal

ANSWERS

QUIZ 6

TAPESCRIPT	RESPOSTA	DICA DA PROFESSORA
EXERCISE I		
1. Waiter, please!	b	Você está próximo, porém dando atenção a outro cliente.
2. This coffee is too strong!	a	A solução é trocar.
3. Waiter, there is a mistake in the bill.	e	Desculpe-se e vá verificar antes de mais nada.
4. What time is breakfast served?	d	De manhã, certo?
5. Where is the restroom, please?	c	Deve estar perto.
6. This steak is tough, waiter.	a	A solução é oferecer outra coisa.
EXERCISE II		
1. Waiter, I lost my **wallet**.	b	
2. Can you bring me a towel and some stain remover? I dropped something on my **pants**.	a	
3. Waiter, I left my **glasses** here last night. Have you seen them?	f	
4. Yes, this is my **suit**.	d	

Este livro foi impresso em maio de 2013
pela Orgrafic Gráfica e Editora Ltda.,
sobre papel offset 90 g/m².